KB217960

세상에 끌려 다니지 않는

단단한 마음공부

심리학으로 읽어주는 마음의 문법, 유식 30송

세상에 끌려 다니지 않는

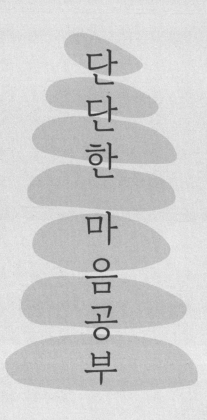

단단한 마음공부

서광스님 지음

심리학의 언어로 불교의 지혜를 이야기하다!

학지사

문명이 만들어 놓은 삶의 문법에 허덕이며 가까스로 살아가는 사람들과 마주하며 이야기하기란 쉽지 않습니다. 몸과 마음이 무너진 그들에게 사랑과 진심을 전하지만 막막한 미래가 만들고 있는 불안함을 이겨내기가 보통 어려운 것이 아닙니다.

특히 돈과 명예가 세상의 중심이라고 쉬지 않고 떠들고 있는 인터넷과 미디어의 부추김을 멀리하기란 쉽지 않습니다. 그렇게 내 것으로 만들었지만 행복의 유통기한은 너무도 짧습니다.

제가 하는 일은 마음을 치유하는 일입니다. 마음이 왜 아픈지, 또 어떻게 아픈지를 알아내는 일입니다. 다양한 심리학 이론이나 최신의 상담이론으로 마음의 모양이나 구조를 설명할 수는 있으나 개개인의 치유방법은 모두 다릅니다. 그건 사람마다 마음에 저장되어 있는 기억과 경험이 다르기 때문입니다.

그 동안의 치유는 치료보다는 완화를 목적으로 두고 있었습니다. 삶의 문제들로 분재된 트라우마의 끈을 풀어야겠다는 생각은 엄두도 내지 못했을 뿐만 아니라 푸는 방법조차 몰랐습니다. 그 뿌리를 보지 못했기 때문에 한 가지 증상만 고치고 나면 다른 증상이 드러나게 되어 고통의 순환을 끊어내는 방법을 알지 못했습니다.

다시 말하면 서양의 정신치료는 우리의 역기능적인 사회적, 문화적, 개인적 조건이라는 끈과 탐욕, 화, 어리석음의 세 가지 독성이 만나서 우리 인간의 고통을 대량생산하고 있다는 사실을 몰랐던 겁니다. 그러다가 그들은 불교심리치료를 만난 것입니다. 지금 우리사회에서 불고 있는 힐링·치유 바람이 서양의 정신치료가 불교 명상수행에서 영혼의 끈을 푸는 열쇠를 발견했기 때문입니다.

이 책《세상에 끌려 다니지 않는 단단한 마음공부》는 불교의《유식 30송》을 기반으로 합니다. 《유식 30송》은 4~5세기에 인도의 바수반두가 불교수행의 핵심을 체계화하고 완성한, 대승불교 심리학의 가장 권위 있고 대표적인 교재입니다. 그는 괴로워하는 인간과 깨달은 인간의 마음 구조와 기능을 철저하게 분석하고, 고통에서 벗어나 해방으로 나아가는 5단계의 마음수행 과정을 30편의 짧은 시로 표현했습니다.

그때부터 지금까지 천 오백여 년간 《유식 30송》은 수없이 많은 세계적인 저명한 학자, 선사, 명상가, 여타의 수행자들에 의해서 다양한 언어로 해석되면서 엄청난 분량의 논문, 연구서, 해설서로 출판되어져 왔습니다. 그러나 이들 대부분은 주로 철학적, 종교학적 범주에서 이루어져 왔으며 실제로 개인의 일상의 삶과 인간관계에 적용하고 도움을 받기에는 사용된 용어나 개념을 이해하기에 어려움이 많았던 것이 사실입니다. 그래서 저는 미국에서 심리학 석사와 박사과정을 공부하는 내내 유식 30송을 소의경전(所依經典)으로 삼아 심리치유적 관점에서 새롭게 해석하고 현대적, 치유적 용어로 전환하는 일에 몰두하게 되었습니다.

그동안 《유식 30송》과 관련한 강의, 워크숍, 집단상담 교육을 진행하면서, 많은 참가자와 독자로부터 《유식 30송》의 가르침을 통해서 자신을 얼마나 더 많이 이해하고 수용할 수 있었는지, 또한 가정과 직장에서 힘든 인간관계를 어떻게 극복할 수 있었는지를 수없이 들어왔습니다. 뿐만 아니라 나 자신도 《유식 30송》의 수행단계를 통해서 삶의 진정한 가치와 행복, 그리고 그것을 방해하는 수많은 심리적 문제를 직면하고 다루는 데 크나큰 도움을 받게 되었습니다.

평범한 우리는 일상에서 겪는 크고 작은 문제들 때문에 행복해하고 또 불행해 합니다. 또한 이미 경험한 과거의 상처와 예측할 수 없는 미래 때문에 불안해합니다. 우리의 주의를 삶의 사건에 초점을 맞추는 한, 우리는 그것에서 자유로울 수 없습니다. 그런데 《유식 30송》은 일상의 사건을 만들어 내는 삶 그 자체, 우리의 의식 그 자체에 초점을 맞춥니다. 그럼으로써 우리의 삶에 근본적인 변화를 일으킵니다. 놀랍게도 그것은 삶의 사건들을 변화시킬 뿐만 아니라 그 사건들에서 자유로운 해방감을 가져옵니다.

'진정한 사람이 되어 가는 과정'을 심리치료의 핵심으로 보았던 인간중심치료의 창시자 칼 로저스는, "흥미 있는 인생의 모순은 내가 나를 있는 그대로 받아들였을 때, 그때 나는 변화할 수 있다"고 말했습니다. 문제는 우리 자신을 있는 그대로 수용하는 것이 말처럼 그리 쉽지 않다는 사실입니다. 그것은 대단한 도전이고, 변화와 성장을 향한 자기혁명입니다. 우리 안에 내재한 본능과 충동, 습관적 에너지, 그리고 무수한 방어기제를 다루고 직면하는 일생의 작업이기도 합니다. 그러므로 누구나 선뜻 용기 내기가 쉽지 않습니다. 그런데 《유식 30송》을 공부하다 보면, 무리하게 애쓰지 않아도 그냥 가랑비에 옷이 젖듯《유식 30송》을 이해해 가는 과정 자체가 있는 그대로의 나 자신을 수용하고, 그래서 타인도 자연스럽게 수용해 가는 길임을 발견할 것입니다.

이 책을 집필한 것은 유식의 지혜를 심리치료에 적용하기 위해서입니다. 다시 말해서 깨달음의 원리, 내용, 과정을 대인관계, 사회관계에서 지혜로운 사람이 되는 길과 자기 자신과의 관계에서 지혜로운 사람이 되는 길에 실제적인 적용이 가능하도록 안내하는 것이 이 책의 궁극적인 목적입니다.

이 책을 자신의 삶과 존재에 대해서 진지하게 성찰하고자 하는 사람들, 성장하고 변화하고자 하는 사람들, 현재 괴로움을 겪고 있는 사람들, 따스한 가슴으로 사랑하며 살고자 하는 사람들, 그리고 무엇보다도 항상 깨어 있고자 하는 사람들에게 권하고 싶습니다.

우리 모두가 행복하기를…
우리 모두가 고통에서 벗어나 평안하기를…

서광 두 손 모음
2018. 11

차
례

제 1 장

유식이란 무엇인가

● ──────────── 마음공부는 겸손하고 솔직하게 해야 합니다. 그리고 애쓰고 무리하지 않는 것입니다. 마음공부는 무리하면 부작용이 생깁니다. 마음공부는 우리가 성장하고 행복해지려고 하는 공부지, 부담을 안고 괴로워지려고 하는 것이 아닙니다. 특히 필기를 하거나 모르는 것을 억지로 알려고 하지 않는 것이 좋습니다. 애쓰지 않고, 이완하면서 이해가 되지 않는 것을 그대로 흘려보낼 수 있을 때, 그럴 때, 정말로 자기 자신에게 필요한 내용이 화두처럼 다가오기 시작합니다. 평소에 하던 습관으로 공부를 위한 공부를 하게 되면 우리 내면의 지혜가 솟아나질 않습니다. 내 느낌, 내 마음, 내 생각, 내 기억이 잘 피어나질 않는다는 말입니다. 이완하고, 릴렉스할 때 마음공부의 주교재인 나 자신이 살아 숨 쉬게 됩니다.

이 책을 통해서 우리는 다음 세 가지 능력을 키울 수 있습니다.

- 긍정적인 개인적 성장과 이해 제공
  - 마음의 내적세계inner mind에 대한 이해를 통해서
- 가족, 직장, 사회생활에서 인간관계 증진 및 소통 촉진
  - 마음의 외적 대상interrelationship에 대한 이해를 통해서
- 자연, 환경과의 연기적 관계 이해
  - 마음 안팎의 세계를 상호 소통함으로써eco/super-relationship

불법을 공부할 때 참선, 교학, 염불, 기도 등 어떤 수행방법을 통해서든 기본적으로 위의 세 가지 수행목표를 가질 필요가 있습니다.

하나, '나'에 대한 이해에 초점을 맞추는 작업입니다. 자기 내면의 정화와 자각을 증진하고 긍정적인 개인적 성장과 이해를 제공하는 것입니다.

둘, '너'에 대한 이해에 초점을 맞추는 작업입니다. '나'에 대한 자각과 이해를 통해서 인간관계, 이웃과의 관계, 대인관계에서 어떻게 다른 사람과 더욱 잘 소통할 수 있으며 막힌 관계를 잘 소통시키고 서로 연대하고 상생할 수 있는지 살펴보는 작업입니다.

셋, '나'와 '너'를 둘러싸고 있는 환경과 조건에 대한 이해에 초

점을 맞추는 작업입니다. '나'와 '너'에 대한 이해를 더 넓혀 요즘 같은 국제화, 글로벌 시대에 글로벌 시민으로서의 교양 과 상식, 이해를 가질 수 있어야 하며 자연 환경, 더 나아가 온 우주와의 생태적·유기적 관계에서 더 많이 이해하고 상 호 연기적인 관계를 실현하려는 노력과 관련된 작업입니다.

　우리는 방대한 불법佛法의 어느 가르침을 받든지 간에 그 가르침을 통해서 사람의 내면은 물론이고 행동 양식, 더 나아 가 세상에 대해 상당히 입체적이고 역동적으로 성찰하고 이 해해야 합니다. 이전처럼 자신의 내면만 열심히 살펴서는 안 되고 가족관계, 사회 등 온 세계가 연기적(모든 현상이 생기生起 소멸하는 법칙–편집자주)으로 관계되어 있는 시대인 만큼 과연 얼마나 효과적으로 작용할지 함께 살펴야 하며, 이 세 가지가 조화를 이루어야 합니다. 특히 유식은 그러해야 합니다. 왜 그런지에 대해서는 앞으로 나아가면서 설명하겠습니다.
　그러면 이런 목표를 가지고 수업 과정에서는 어떤 태도를 가져야 할까요?

- 개인 내적인 마음작용에 대한 자각과 성찰을 한다.
- 개인 외적인 인간의 역동적 관계에 대한 자각과 성찰을 한다.
- 자연·환경과의 생태적 관계에 대한 자각과 이해를 촉진한다.

세상에서 부처님의 가르침, 연기적 삶을 실현하는 데에서 제외되거나 예외적인 존재는 없습니다. 자연 환경과 우리는 매우 직접적인 관련이 있습니다. 위의 세 가지는 순차적인 과정을 통해서 이루어지기도 하지만 1과 2를 통해서 개인의 성장과 치유가 일어나기도 합니다. 우리는 '나', '너', 그리고 '나'와 '너'를 둘러싸고 있는 전체 주변 환경에 대한 포괄적인 이해를 바탕으로 자기 치유와 관계 치유, 관계 회복을 증진할 수 있고, 전인적 인간으로 성장하고, 붓다의 깨달음과 웰빙을 촉진할 수 있습니다.

이 공부에서 효과를 보기 위해서는 항상 내 경험, 내 느낌, 내 생각, 내 기억, 내 행동을 주교재로 삼아야 합니다. 먼저 일차적으로는 어떤 경험, 어떤 느낌, 어떤 생각, 어떤 기억, 어떤 행동, 어떤 감정이 나에게서 일어나는지를 공부하는 장면에서 그때그때 자각할 수 있어야 합니다. 여러분 각자의 마음이 이 공부의 주교재이고, 부교재는 여러분 앞에 있는 책입니다. 정보를 수집하고 지식을 쌓는 게 중요한 것이 아니라 자기 내면에서 일어나는 터치가 중요합니다. 그렇지 않다면 책을 한 권 다 보더라도 아무 이익이 없을 것입니다.

이 책에 있는 30편의 게송(불교적 교리를 담은 시의 형태-편집자주)이 각각 자기 자신에게 어떤 메시지를 주는지 사유하면서 읽어야 하고, 그때그때 일어나는 자신의 기억, 생각, 감정, 느낌 등에 대해서 훨씬 더 많이 자각하고 명료화하는 데하나의 수단으로 활용해야 합니다. 우리 각자의 마음을 이공부에 두고 시작해야 하는 이유는 '자각이 곧 치유'이기 때문입니다. '알아차림' 그 자체가 바로 치유라는 것을 알면 이공부가 훨씬 더 수월해질 것입니다.

우리가 유식을 공부한다고 할지라도 왜 주교재가 내 마음이어야 하는지 모른다면 진도를 나갈 수 없기에 법정 스님이 《선가귀감》을 번역하신 《깨달음의 거울》[1]에서 몇 구절을 옮겨 보겠습니다.

> 理雖頓悟나 事非頓除니라
> 이치는 단박 깨칠 수 있다 하더라도 버릇은 단번에 가시지 않는다.

이치는 금세 깨칠 수 있다고 하더라도 버릇은 한꺼번에 없어지지 않는다는 뜻입니다. 《유식 30송》 중에서 처음 1송부터 25송까지는 여기에 관한 것을 설명하고 있습니다. 즉 왜 그렇게 버릇이 단박에 없어지지 않는지에 관한 우리의 습관적 구조를 자세히 설명합니다.

우리가 어떤 일을 행하거나 생각하면 그 흔적은 없어지지 않습니다. 무슨 생각을 했든지, 무엇을 보았든지, 들었든지, 느꼈든지, 행했든지 그것은 다 우리 안에 흔적을 남깁니다. 그 흔적이 쌓여서 하나의 습관이 됩니다. 습기習氣, 즉 습관적 구조를 갖게 되면 그것이 쉽게 무너지지 않습니다. 그래서 1송에서 25송까지는 그러한 마음의 구조를 아주 심층적으로 분석하고 있습니다. 그런 다음에 26송에서 30송까지는 그 구조를 깨뜨리고 극복해 가는 과정인 수행체계를 설명하고 있습니다.

看經을 若不向自己上做工夫하면 雖看盡萬藏이라도 猶無益也니라

경전을 읽되 자기 마음속으로 돌이켜 봄이 없다면 비록 팔만대장경을 다 읽었다 할지라도 아무 소용이 없을 것이다.

우리는 무슨 공부를 하든지 내 마음을 주교재로 가져가야 한다는 말씀입니다. 내 마음을 돌이켜 보지 않으면 비록 부처님 경전을 다 읽고 외운다고 하더라도 남의 보배를 세는 것이고, 남의 다리를 긁는 것과 마찬가지로 아무 소용이 없습니다.

迷心修道하면 但助無明이니라

마음을 모르고 도를 닦는다는 것은 무명만을 도와줄 뿐이다.

이 마음이라고 하는 것이 어디에 있는지, 자기 마음을 제쳐 놓고 다른 사람의 마음을 이야기하지 말라는 뜻입니다. 자기 마음을 모르고 도를 닦는다는 것은 무명만을 도와줄 뿐

다담한 마음공부

이라는 것이지요. 자기 마음을 제쳐 놓고 유식을 공부하고, 중관을 공부하고, 화엄경을 공부해도 아무런 소용이 없다는 것입니다. 뭘 공부한들 그것은 결국은 무명만을 도울 뿐, 다시 말해 자아에 대한 집착과 교만을 더 강화할 뿐입니다. 그러니까 마음공부는 무조건 많이 하고 열심히 한다고 되는 것이 아니라 아주 조금을 하더라도 자기 마음을 가져다 놓고 자기 마음을 비추는 하나의 수단으로 봐야 합니다.

구체적으로 마음을 주교재로 삼는 방법은 무엇일까요?

첫째, 비교하거나 판단하지 않아야 합니다. 판단하지 않는다는 것은 어떤 것에 대해서 결론을 짓거나 마침표를 찍지 말라는 것입니다. 또 자신의 내면에서 이 생각, 저 생각이 일어나면 그러한 생각에 따라가거나 감정에 휩쓸리지 말고, 판단하는 자신의 모습을 알아차리라는 것입니다.

둘째, 직면하는 용기가 필요합니다. 공부를 하는 과정에서 일어나는 감정이나 생각을 억압하거나 합리화하지 않고, 보고 싶지 않거나 인정하고 싶지 않은 마음의 상태를 알아차리고, 있는 그대로 바라보기 위해서는 용기와 인내가 필요합니다. 내담자 중심치료의 창시자 칼 로저스Carl Rogers는 "흥미 있는 인생의 모순은 내가 나를 있는 그대로 받아들였을 때, 그때 나는 변화할 수 있다"[2]라고 말했습니다. 진실로 변화하고 성장하기를 원한다면, 우리가 제일 먼저 해야 하는 것이 바로 자신을 있는 그대로 직면하는 일입니다.

셋째, 마음공부는 겸손하고 솔직하게 해야 합니다. 그것은 자아의식ego을 작동하지 말라는 것입니다. 그러지 않으면 가슴보다는 머리를 굴리게 되고, 체험이 오지 않게 됩니다. 부처님 가르침의 궁극적 목적은 그 가르침을 매개로 해서 진짜 자기 자신과 만나는 것입니다. 그런데 겸손하고 솔직한 마음의 자세를 갖지 않고, 또 자꾸만 자신이 무엇을 경험하는가에 초점을 두지 않고, 무엇을 알고 모르는가에 주의를 기울이면 경험의 기회는 사라지고 맙니다. 이를테면 우리는 날마다 매 순간 호흡을 하고 있기 때문에 너무나 당연해서 호흡에 관심을 갖지 않습니다. 햇빛은 날마다 보고 아는 것이라고 생각합니다. 그래서 우리는 호흡을 망각하고, 햇살에 주의하지 않음으로써 삶의 기쁨과 자신에 대한 온전한 체험의 기회를 잃게 됩니다.

넷째, 애쓰고 무리하지 않아야 합니다. 마음공부는 무리하면 부작용이 생깁니다. 마음공부는 우리가 성장하고 행복해지려고 하는 공부이지, 부담을 안고 괴로워지려고 하는 것이 아닙니다. 특히 필기를 하거나 모르는 것을 억지로 알려고 하지 않는 것이 좋습니다. 애쓰지 않고 이완하면서 이해가 되지 않는 것을 그대로 흘려보낼 수 있을 때, 그럴 때 정말로 자기 자신에게 필요한 내용이 화두처럼 다가오기 시작합니다. 평소에 하던 습관으로 공부를 위한 공부를 하게 되면 우리 내면의 지혜가 솟아나질 않습니다. 내 느낌, 내 마음, 내 생각, 내 기억이 잘 피어나질 않는다는 말입니다.

이완하고 긴장을 풀 때 최고로 풍부한 우리의 주교재가 살아 숨 쉴 수 있습니다.

유식은 왜 생겼을까?

부처님의 가르침은 이고득락離苦得樂[3]으로 고통에서의 해방을 말씀하십니다. 부처님께서 왕자로 있을 때 성문 밖에 나오셨다가 병들고 늙어 가는 이들의 고통을 목격하셨습니다. 인간의 생로병사에서 오는 고통은 부처님 이전에도 이후에도 항상 있어 온 인간의 근본적인 고통입니다. 이것을 초기 경전에서는 명백한 고통이라고 합니다. 그러나 그렇게 명백한 고통을 보면서도 대부분의 사람이 '삶이 다 그런 거 아니냐?'고 하면서 별다른 의문을 갖지 않았습니다. 그런데 모두가 평범하고 당연하다고 여기는 것을 유심히 본 것입니다. 뉴턴은 사과가 '왜 위에서 아래로 떨어지는가?'에 의문을 품은 나머지 만유인력의 법칙을 발견했습니다. 그렇듯이 부처님께서는 '인간은 왜 태어나고 늙고 병들어서 죽는가?'라는, 누구나 당연히 여기는 것을 고민하신 끝에 깨달음을 얻으셨습니다. 부처님께서는 어떻게 하면 사람들이 삶의 괴로움에서 벗어날 수 있을까를 화두로 삼으시고 수행하셨던 것입니다.

그렇게 해서 깨달음을 얻으시고, 제일 먼저 설한 가르침이 고집멸도苦集滅道 사성제에 대한 가르침입니다. 사성제는 의사, 의왕醫王[4]으로서의 부처님께서 중생들의 행복과 웰빙을 방해하는 원인, 그 원인에서 벗어나는 방법을 네 개 단계로 처방하신 일종의 진단과 처방전이라고 할 수 있습니다. 고苦는 고통에 대한 자각(어떤 분들은 너무 괴로우면 괴로움 자체를 자각을 못한다)을 의미하고, 집集/執은 고통에 대한 원인이 자아에 대한 집착임을 알려 주시고, 멸滅은 고통의 원인인 집착을 제거하면 고통도 사라진다는 원인과 결과의 인과법, 또는 고통을 유발하는 조건을 제거하면 고통 또한 사라진다는 인연법에 대한 가르침이고, 도道는 고통의 원인인 집착과 조건을 제거하는 방법(팔정도)에 해당합니다. 그리고 불교의 무수한 가르침은 결국 사성제, 팔정도의 체계를 좀 더 구체적이고 세밀하게, 그리고 다양한 방법으로 설명하고 있다고 볼 수 있습니다.

이를테면《금강경》은 경전 전체를 통해서 집착을 내려놓아야 한다는 가르침을 설하고 있습니다. 집착을 내려놓기 위해서는 무아無我가 되어야 한다는 사실을 다양한 방식으로 설명하는 경전이 바로《금강경》입니다. 그런데 우리는 불교의 모든 교리를 무조건 다 알려고 할 필요는 없습니다. 경전이라고 하는 것은 모두 하나의 방편, 즉 수단일 뿐 경전공부 자체가 목적은 아닙니다. 어느 한 가지든 끌리는 것이 있거나 인연이 닿는 것을 우선적으로 보면 됩니다. 서울에서 부산까지 가는데 유럽 지도를 펴놓고 공부할 필요가 없듯이 자신이 지금 '괴롭다', '외롭다', '우울하다', '질투심이 난다'면 먼저 그것에 관한 공부를 하는 것이 중요합니다. 당장 필요하고 다급한 마음의 문제를 풀고 해결하는 데 필요한 가르침을 우선적으로 찾고 구해야 합니다. 그리고 쉬운 것부터, 필요한 것부터 해 나가면 됩니다. 우리는 모두 다양한 욕구와 수많은 문제를 안고 있기 때문에 갖가지 경전, 온갖 논서가 나오게 된 것입니다.

그 가운데서 《유식 30송》은 고통을 받는 중생의 마음작용·기능·구조에 관한 설명과 깨달음으로 나아가는 과정, 그리고 깨달음을 얻은 부처의 마음 구조와 작용에 대해서 가장 완벽하게 체계적으로 정리해 놓은 것입니다. 다음 장에서 구체적으로 중생과 붓다의 마음 구조와 기능에 대해서 공부하게 되겠지만. 그 전에 우리가 한 가지 분명하게 알아야 할 것이 있습니다. 그것은 '고통을 받는 중생의 마음이 어떻게 작용한다는 것인가?' 하는 문제입니다. 한마디로 답하자면 중생은 자기중심적으로 느끼고 생각하고 행동한다는 것입니다. 그것이 왜 문제일까요? 자기중심적인 행위는 고통을 유발하기 때문입니다. 그래서 유식 1송에서 25송까지는 자기중심적인 마음의 구조와 기능을 구체적으로 설명합니다. 그런 다음 이를 타자중심적인 깨달은 마음으로 전

향하는 방법과 단계를 26송에서 30송까지에서 설명하는 것입니다.

우리는 지금까지 생로병사와 같은 명백한 고통과 자기중심적 태도에서 오는 고통인 두 종류의 고통을 알았습니다. 또 다른 종류의 고통은 모든 것이 변화하는 데서 오는 고통입니다. 우리는 본능적으로 우리가 원하고 좋아하는 것은 붙잡고 싶어 하고, 항상 그대로 유지하기를 원합니다. 그러나 세상의 그 어떤 것도 고정되어 변화하지 않는 것은 없습니다. 그것을 불교에서는 무상無常, impermanence에 대한 고통이라고 합니다. 유식은 첫 번째 고통인 명백한 고통보다는 무상에 대한 고통과 특히 자기중심적 태도에 의한 고통을 치유하는 데 초점을 맞추고 있습니다.

유식이 필요한 이유

유식唯識의 정의를 내려 보면 Consciousness only, '오직 알 뿐이다'라는 뜻입니다. 내가 그렇게 알고, 네가 그렇게 알고 각각 다르게 안다는 뜻입니다. 안다고 하는 것이 자기ego, 경험에 비추어서 나오는 것이기 때문에 제각각입니다. 우리는 사랑, 자유, 민주, 평화 등의 단어를 각자 다르게 이해합니다. 그래서 의견이 일치하다가도 금방 틀어져서 오해하고 싸우고 분노합니다. 왜냐하면 오직 내가 그렇게 알 뿐인 것이지, 상대방은 다르게 알고 있기 때문입니다. 우리는 그렇게 같은 것도 서로 다르게 알고 다르게 경험합니다. 구체적으로 우리의 눈이 다르게 보고, 귀가 다르게 듣고, 몸이 다르게 접촉하고, 맛보고, 냄새 맡고 그런 식으로 경험합니다.

우리는 그러한 경험에 집착하고, 주장하고, 평가하다가 결국엔 서로 갈등하며 싸우게 됩니다. 우리는 똑같은 것을 보고 다르게 경험하고 다르게 안다는 것, 너는 그렇게 알고 나는 저렇게 알고, 십만 팔천 리 다르게 이해하고 알 수 있다는 사실을 인정해야 합니다. 어느 순간만 그런 것이 아니라 오늘도, 내일도, 모레도 그렇게 다르게 알고, 전생에도 그렇게 다르게 알았었고, 많은 생을 그렇게 알아 왔고 습관화되어서 고착화되어 있습니다.

그러므로 뭔가를 경험하는 순간에는 내면에서 일어나는 마음의 흐름을 봐야지, 그것은 보지 않고 '저 인간 왜 저래'라고 판단하면, 자기 자신에 대한 자각을 놓치고 소통을 놓치고 이해를 놓치고 연대감을 놓치게 됩니다. 그 결과 연기적 삶, 머무름에 실패하게 됩니다.

유식, 이 말 자체가 많은 것을 함축적으로 말해 줍니다. 정말 내가 아는 것, 내가 경험하는 것, 판단이 전부 다 잘못되었다는 것이 아니라 내가 그렇게 이해했다는 사실입니다. 그와 마찬가지로 다른 사람은 나와 다르게 이해한다는 사실에 대해서 명료하게 이해해야 합니다. 유식의 진정한 의미인, 내가 그렇게 알 뿐이지 너도 그렇게 아는 것은 아니라는 사실을 깊이 통찰하면 그때 진정한 소통이 일어나기 시작합니다.

이를테면 사성제의 고집멸도 가운데 집에 해당하는 한자를 우리는 항상 이 모을 집集자를 씁니다. 그런데 제가 집착할 집執자를 사용했더니 어떤 분이 왜 집착할 집자를 사용했는지 묻지도 않고 무조건 틀렸다고 합니다. 그러나 그런 식으로 무엇이든 고정해 놓고 맞다, 틀리다고 단정해서는 곤란합니다. 모든 것을 볼 때는 스페이스space, 즉 마음의 공간을 두고 봐야 합니다. '옳다, 그르다'가 아니라 '나는 그렇게 이해하고 너는 저렇게 이해할 수 있구나' 하고 생각해야 합니다.

현장 법사께서 그 시대에 그렇게 번역했다고 해서 오늘날 우리가 반드시 그렇게 고정해 놓고 이해해야 할 이유는 없습니다. 시대가 변하고 문화가 다르고, 사람이 달라졌는데 꼭 그의 번역을 고수해야 할 필요는 없다는 뜻입니다.

많은 분이 유식은 너무 어렵다고 하는데 거기에는 두 가지 이유가 있습니다. 유식을 잘못 공부하든가 아니면 자기가 자기 마음을 너무 모르든가입니다.

첫째, 잘못 공부한다는 것은 심리학을 가지고 철학이라고 하니까 어려울 수밖에 없습니다. 국어책을 가지고 수학공부를 하듯이 하면 굉장히 어려운 일입니다. 국어를 이해하는 것과 수학 공식을 푸는 것과 미술시간에 그림을 그리는 것,

음악을 하는 것은 다 다릅니다. 과목마다 공부하는 방식과 이해하는 과정이 확실히 다릅니다.

이와 마찬가지로 유식은 분명히 심리학인데, 심리학을 철학으로 생각하니까 어렵게 느껴지는 것입니다. 철학과 심리학의 가장 큰 차이는 치유에 있습니다. 철학은 사유하는 것으로 충분할지 모르지만, 심리학은 그렇지 않습니다. 다시 말해 심리학의 이론은 심리치료와 밀접하게 연결되어 있습니다. 철학이 굳이 사유를 넘어서서 치유의 기능을 갖는다고 해도 그것은 사고에 제한되는 치료일 수 있겠지요. 그러나 심리학의 치료는 사고의 치료에 한정되지 않습니다. 특히 대승불교 심리학과 심리치료를 대표하는 유식은 우리의 감각, 정서, 사고, 기억 등을 포함하는 전인적, 총체적 치유를 지향하고 있습니다. `

둘째, 내 마음 내가 모른다는 것은 자기 마음은 제쳐 놓고 유식을 붙잡고 공부하니까 어려운 것입니다. 주교재인 내 마음, 내가 무슨 생각을 하는지, 무슨 느낌인지, 내가 경험하는 것에 대해서 내가 알아차리거나 관심을 가지고 주의를 기울인다면 모를 수가 없습니다. 유식은 이론이 먼저가 아니라 실제로 경험하고 깨달은 사실을 설명해 놓은 것입니다. 우리 안에서 일어나는 마음의 상태를 설명해 놓은 것이기 때문에 누구나 자기의 마음 상태를 들여다보고, 알아차리기만 하면 쉽게 이해할 수 있습니다.

한편 유식에 근거해서 상담을 하거나 대화를 하면 태도가 상당히 달라집니다. 옳고 그른 것을 떠나서 상대방이 '그렇게 이해했다', '그렇게 경험했다', '그렇게 느꼈다'는 사실을 존중해야 하고 경청해야 하고 귀를 기울이고 이해하고 수용해야 합니다. 또 자기 자신에 대해서도 마찬가지입니다. 옳고 그르고를 떠나서 자기 자신이 그렇게 느끼고 그렇게 경험했다는 것을 인정해야 합니다. 상대를 대할 때 상대의 것도 존중하고 자신의 것도 존중하면서 그 사이에 공간, 여지를 두어야 합니다. 유식은 인생의 경험에서 마침표를 찍지 말라고 합니다.

《유식 30송》의 저자 세친보살은 부처님이 대기설법하신 것을 모두 모아서 사람들의 근본적인 문제를 치유하기 위해 친절히 설명해주고 있습니다. 4~5세기에 생존했던 세친보살(《유식 30송》의 저자–편집자주)이 이 자리에 왔다면 우리에게 해 주고 싶은 말은 무엇이겠습니까?

내가 알고 있는 것, 상대가 틀렸다고 하는 생각, 서로 일치하지 않는 것을 주장하거나 시비를 가리는 그 마음을 쉬고, 우리는 정말로 서로 다르게 받아들일 수 있습니다. 정말로 다르게 경험할 수 있다는 사실을 수용하고 인정하라고 하지 않을까 생각해 봅니다. 물론 때로는 쉽지 않겠지만 말입니다.

깨달음의 궁극에 가면 부처와 중생이 같다고 합니다. 그런데 우리는 우리 중생끼리도 서로 같지 않다고 괴로워하고 힘들어하고 방황합니다. 중관에서는 계속적으로 깨달음의 세계, 즉 부처의 마음에 초점을 맞춰서 이야기를 합니다. 반면에 유식에서는 서로 다르다고 화내고, 같다고 좋아하고, 같은 줄 알았는데 다르다고 배신감을 느끼는 그런 중생의 마음, 그리고 괴로워하고 번뇌하는 마음이 왜, 어떻게 작용하는지 그 마음을 어떻게 극복하고 부처의 마음으로 나아갈 것인지에 대한 과정을 단계적으로 설명합니다.

유식唯識하게 사랑하라!

《유식 30송》에서 우리가 진실로 배워야 하는 것이 무엇일까요?

한마디로 하면 사랑입니다. 진실로 사랑하는 법을 배우는 겁니다. 자아초월 임상심리학자인 프랜시스 본Frances Vaughan은 평생 다양한 문화적 전통에서 성장한 동서양 내담자를 만나면서 한 가지 공통점을 발견했습니다. 그것은 바로 모두가 사랑하고 싶고 사랑받고 싶어 한다는 사실입니다. 그런데 이런 욕구와는 달리 대부분의 사람은 사랑을 하고 사랑을 받는 일에 상당한 장애를 겪고 있다는 것을 알았습니다. 남의 이야기가 아니라고 여기는 분이 많을 텐데 왜 모두가 사랑하고 싶고 사랑받고 싶어 하면서도 실제로는 그렇게 하지 못할까요? 그것은 진정한 사랑은 본능이 아니라 배워야 하는 것이기 때문입니다. 또 사랑은 혼자 하는 것이 아니기 때문에 상대도 알아야 하고, 자기도 알아야 합니다. 그뿐이 아닙니다. 너와 내가 사랑하는 내적 외적인 조건인 우리 사회, 문화도 알아야 합니다. 결국은 우리가 온전히 사랑하기 위해서는 나를 알아야 하고, 나와 너의 관계, 그리고 나와 네가 속한 사회, 자연환경, 우주를 알아야 합니다.

그러니까 우리의 삶에서 가장 소중한 것은 사랑하는 것, 만물과 소통하는 것입니다. 이제부터 유식공부를 하면서 이 사실을 처음부터 끝까지 잊어서는 안 됩니다.

《유식 30송》은 사람을, 세상을, 일체 만물을 진실로 사랑하는 법을 가르친다는 사실을 말입니다. 정말로 사랑을 제대로 잘할 수만 있다면, 삶이 그렇게 괴롭거나 힘들지만은 않겠지요. 많은 경우 우리가 사랑한다고 하지만 사실은 사랑하는 것이 아니라 사랑하는 자신의 감정에 집착하는 것이고, 감정에 휩싸여 있는 것입니다. 정말로 상대를 있는 그대로 보고 인식하는 것이 아니라는 것입니다.

있는 그대로의 타자의 존재를 경험하는 과정은 성숙과 변화, 무상과 무아, 나아가서는 연기를 체험해 가는 과정이기 때문에 반드시 지혜와 깨달음으로 나아가게 되어 있습니다. 사랑한다는 이유로 끊임없이 번뇌하고 갈등하는 것이 불가능하다는 말입니다.

사랑하는 데 가장 장애가 되는 것은 소통의 부재와 단절입니다. 흔히 불교는 심오하고 복잡하고 어렵다고 하지만 의외로 단순합니다. 사랑하는 법을 가르치는 것이 불교라고 생각하면 어렵거나 심오하다고 생각할 것도 없습니다. 뭔가 소통이 안 되고 연결이 안 되고, 관계가 끊어지면 괴롭고 힘 들고 긴장과 고통이 일어납니다. 육체(몸)가 순환이 안 되고 막혀 있으면 병이 생기듯이 마음도 순환이 안 되면 병이 생 깁니다. 마음과 마음 또한 연결되어 소통되고 순환되면 편 안하고 조화롭고 행복해집니다.

그러므로 뭔가를 온전하게 사랑하기 위해서는 먼저 소통 하는 법을 훈련해야 합니다. 소통은 세 가지 방식으로 훈련 할 수 있습니다.

첫째, 내 내면에서 자신과 소통이 이루어져야 합니다. 부 부관계, 자식관계를 떠나서 내 안에서도 분열이 일어납니 다. 신구의身口意 삼업이 일치하지 않습니다. 몸 따로 말 따 로 생각 따로 제각각 일어나는 경우가 매우 많습니다. 내 마음이 내 맘대로 안 되고, 먹고 싶지 않은데 먹게 되고, 말 하기 싫은데 말하게 되는 등 심각한 분열 증상을 보이게 됩 니다. 이런 것이 순간순간 우리의 마음을 육도윤회하게 만 듭니다. 소통은 육도로부터 자유로워지는 길입니다.

둘째, 나와 주변에 있는 인연과의 관계를 봐야 합니다.

셋째, 온 우주 · 자연과의 생태적 관계를 봐야 합니다.

나와 나 자신 간의 소통이 바로 나를 사랑하는 방식입니다. 또 상대를 사랑하는 방식은 나와 너의 소통입니다. 자연, 사회, 세상을 사랑하는 방식은 자연, 세상과의 소통입니다. 유식의 깨달음으로 가는 과정에서 보면 사심사관법의 네 가지 훈련, 즉 이름名, name, 의미義, meaning, 본질自性, essence, 차별差別, difference 가운데 세 번째 깨달음인 본질[5]의 단계는 주체와 대상 간에 완전한 소통이 일어나서 주객이 하나임을 알기 때문에 나와 너의 완전한 소통이 이루어지는 것입니다.

나와 너를 둘러싸고 있는 환경과 자연, 우주적 소통관계는 네 번째 깨달음인 차별[6]의 단계에 가야 됩니다. 그러니까 《화엄경》에서 말하는 이사무애理事無碍, 즉 본질과 현상 간에 걸림이 없는 것은 무분별적 지혜에 해당하고, 사사무애事事無碍, 즉 현상과 현상 간에 걸림이 없는 것은 분별지에 해당합니다. 이와 같이 소통을 위한 가르침들은 《유식 30송》의 뒷부분인 수행 편에서 체계적으로 잘 설명하고 있습니다.

아무튼 사랑하기 위해서는 먼저 소통이 되어야 하는데, 그러기 위해서는 자신과 타자의 정서, 감정에 개방적이어야 합니다. 감정은 제쳐 두고 머리와 생각으로만 공부하면 진실하게 사랑할 수 있는 능력은 키울 수 없습니다. 진실로 사랑하기 위해서는 머리로 듣고 읽고 생각하고 이해하는 것만이 아니라 가슴으로 이해해야 한다는 뜻입니다. 이를테면 20년, 30년 동안 각고의 수행을 했다고 하면서, 작은 일에 화를 버럭 내거나 화에 휩쓸린다면 그것은 생각으로만 수행한 것일 뿐, 그 수행이 전혀 가슴으로 내려오지 않았다는 증거입니다. 그러한 사람은 진실로 사랑하는 능력이 없습니다. 진실로 누군가를 사랑하기 위해서는 일상에서 우리에게 시시때때로 일어나는 감정을 봐야 하고, 그리고 우리가 만나는 모든 사람과의 관계가 얼마나 소통적인지, 내가 직면하는 모든 상황에서 얼마나 개방적인지를 봐야 합니다. 이것이 유식적 치유입니다. 수행 따로 하고 사람 따로 만나고 내 감정 따로 느낀다면 경전을 독송하고 수행을 한다는 것이 우리에게 무슨 도움이 되겠습니까?

상대방의 어떤 모습이나 태도, 삶의 방식이 내가 보고 싶지 않은 내 모습, 내 무의식의 어떤 부분을 자극하고 건드린다면 그 상대는 나에게 필요한 어떤 메시지를 보내는 것이라고 이해해야 합니다.

《대승기신론》에 보면, 내게 필요하지 않는 인연은 오지 않는다는 가르침이 있습니다. 머리로는 이해하는데 마음으로 받아들일 준비가 되지 않았다면 일단 무조건적인 믿음으로 수용해서 스스로를 설득하는 것도 한 가지 방법입니다.

내가 어떤 것에 대해 기뻐하거나 분노하는 모든 것은 사실 알고 보면 끝없는 나의 유식 작용일 뿐이지 정작 상대와는 상관이 없는 일입니다. 그래서 우리가 어떤 사람을 좋아했다가 실망하기도 하는 것이지, 그것이 그 사람 자체로 인한 것은 아닙니다.

유식이 왜 사랑하는 방법을 가르치는 것인가 하면, 자기 안에서 일어나는 걸림돌을 걷어내면 걷어낼수록 세상이 다르게 보이기 때문입니다. 우리가 뭔가를 이해하고 깨닫는다는 것은 경험하는 대상에 대한 느낌, 감정, 생각, 기억이 바뀌는 것입니다. 유식을 공부하면 내 안에서 사랑의 감정이나 느낌, 생각, 기억에 장애가 되는 걸림돌이 사라집니다.

유식唯識하게 사랑하려면 먼저 서로 다른 행동의 방식을 존중하고 이해하는 것이 제일 중요합니다. 그러므로 유식을 공부하고 이해한다는 것은 그것을 이해하고 알아 감에 따라서 자신과 타자를 더 많이 존중하고 수용하게 되는 것입니다.

현대 생활에 꼭 필요한 유식

유식은 대승불교 심리학입니다. 그런데 지금껏 불교에서는 중관과 유식을 대승불교의 양대 철학으로 분류해 왔습니다. 왜냐하면 당시에는 심리학이라는 용어가 없었기 때문입니다. 그렇다고 해서 부처님이 당시에 제자들을 가르쳤을 때 그 내용이나 방식이 심리학이 아니고 철학, 종교학이었다는 의미는 아닙니다. 부처님의 가르침이 심리학, 정신치료가 아니라면 부처님께 의왕醫王이라고 하는 타이틀을 붙일 수 없었을 것입니다. 부처님께서 가르치는 방식이나 내용은 심리치료의 관점에서 보면 완벽합니다. 그렇기 때문에 오늘날 서양의 심리치료가 불교의 명상수행을 받아들이고 적극적으로 통합해 온 결과, 명상심리치료라는 힐링의 바람을 일으킬 수 있었던 것입니다.

심리학이라는 용어가 생겨난 것은 불과 200년이 안 되었습니다. 독일의 빌헬름 분트Wilhelm Wundt가 1800년대 후반에 최초로 철학에서 심리학을 분리했습니다. 그때의 심리학을 구성주의 심리학이라고 부릅니다. 그러나 오늘날 서양심리학에서는 구성주의 심리학을 거의 거론하지 않습니다. 그것은 아마도 내담자를 상대로 하는 심리치료 방식이 별로 개발되지 않았기 때문일 것입니다. 아무튼 신학에서 철학이 독립했고 철학에서 심리학이 독립했습니다.

구성주의 심리학의 연구 내용이 '마음'이었습니다. 마음이 무엇으로 구성되어 있느냐에 초점을 맞추고 있었으므로 불교의 초기 아비달마를 떠올리게 합니다. 물론 그 규모와 역사, 체계에서는 비교할 수 없을 정도로 차이가 납니다.

심리학만 그런 것이 아니라 일반적으로 뭔가를 연구할 때, 맨 처음에는 그 연구의 대상이 무엇으로 구성되어 있느냐를 살펴보게 됩니다. 그런데 우리 인간이 무엇으로 구성되어 있는지 살펴보니 사대로 구성되어 있는 것을 알게 됩니다. 그다음 좀 더 발전하면, 이번에는 그 각각의 구성요소가 어떻게 기능하고 작용하느냐를 살펴보게 됩니다. 그것이 바로 기능주의로서 마음이 어떻게 작용하는가를 연구하는 데 초점을 맞추는 것입니다.

유식이라는 것은 원래 철학도 아니고 종교학도 아닙니다. 유식은 부처님께서 우리가 당면한 현실적인 문제, 고민, 아픔, 괴로움 등의 근본적인 원인, 치유방법, 해결방법, 실존적 조건으로부터 자유로워지는 길을 가르치셨던 내용을 체계화하고 요약해서 설명하는 것입니다. 그것을 누가 어떻게 사용하고 적용하느냐에 따라서 종교학이 되기도 하고, 철학이 되기도 하고, 심리학이 되기도 하는 것입니다.

부처님의 가르침 자체를 철학이나 종교, 심리학에 국한할 수는 없습니다. 그것은 불교음악, 불교미술, 불교문학이 될 수도 있습니다. 우리 인간이 당면한 현실적이고 실존적인 문제를 다양한 관점에서 공감하고 해결하려고 하는 노력과 방법, 기법과 가르침이 다 들어 있다는 뜻입니다.

부처님의 가르침 중에서 가장 심리학적이며 치유적인, 대승불교를 대표할 수 있는 한 가지 교재를 들라고 하면 저는 망설이지 않고《유식 30송》을 꼽습니다. 그다음은《대승기신론》입니다. 물론《법화경》도 완벽한 사례집입니다. 어쨌든 심리치료적 관점에서 가장 완벽한 체계와 내용을 갖추고 있는 것은《유식 30송》입니다. 그래서 저는《유식 30송》을 "대승불교심리학이다"라고 정의합니다.

왜《유식 30송》이 대승불교심리학이고 완벽한 정신치료

교재일까요? 동양심리학이든 서양심리학이든 모든 심리학은 기본적으로 두 가지 요소를 갖추고 있습니다. 첫째는 이론이고 둘째는 실습입니다.

《유식 30송》은 이론 측면에서는 인간의 행동, 특히 마음이 어떻게 구성되어 있으며, 어떻게 작용하는지, 마음의 병리적인 구조라든지 발달 모델, 건강과 불건강에 관련된 정신 신체적 모델에 관해서 설명하고 있습니다. 기법과 실습 측면에서는 건강·불건강이 무엇이며, 어떻게 건강을 유지하고 불건강을 예방하고 치료하는지를 다루고 있습니다. 불교에서는 이론을 교학이라고 부르고, 실습을 실천수행이라고 부르는데 《유식 30송》은 이렇게 정신치료에 필요한 내용을 완벽하게 담고 있습니다.

불교에서 불교심리학을 대표할 만한 최고의 교재는 당연히 《유식 30송》입니다. 《유식 30송》은 30편의 짤막한 게송으로 구성되어 있는데 1송에서 25송까지는 이론적 측면을 완벽하게 잘 설명하고 있습니다. 즉 마음이 어떻게 구성되어 있고 작용하는지, 중생의 무지와 고통의 발생과 기원, 구성, 작용을 설명합니다. 병리적인 마음과 건강한 마음의 구조와 작용을 아주 심층적으로 깊이 있게 다루고 있습니다. 그다음 26송에서 30송까지는 실습적 측면으로 우리가 건강한 마음을 갖기 위하여 어떻게 수행을 하고 어떻게 노력을 하고 어떻게 병든 마음을 치료해야 하는지를 다루고 있습니다. 즉 고통받고 무지한 중생의 마음을 부처의 마음, 깨달음의 마음으로 전환하는 과정을 다섯 단계로 나누어 설명하고, 각 단계에서 실천, 수행하는 방법을 제시하고 있습니다.

불교의 가르침을 내담자 치료에 적용하고자 노력해 온 서양의 심리치료가들은 서양의 심리치료는 병(불건강)에 대해서 자세히 설명하고 있고, 불교의 가르침은 건강에 초점을 맞추어서 건강한 마음을 성취하고 유지하고 발달시키는 기제를 잘 설명하고 있다고 생각했습니다. 그래서 그들은 불교와 서양의 심리치료가 상호 보완적이라고 믿고 실제 치료 장면에 통합하고자 부단한 관심과 노력을 기울여 왔습니다. 그런데《유식 30송》은 인간의 병리적인 중생의 마음을 설명하는 데 30송 가운데 6분의 5에 달하는 분량인 25송을 병리적 마음, 번뇌하고 망상하는 마음의 구조와 작용을 설명하는 데 할애하고 있습니다.

유식심리학의 설계도

앞에서 유식의 의미를 살펴보았듯이 우리가 서로 다르게 경험하고, 다르게 알고 이해한다는 사실을 알지 못하면, 나와 다르게 알고 이해하는 상대방을 미워하고 부정적으로 생각하는 경향을 갖게 됩니다. 그리고 그러한 마음은 때로 긴장과 스트레스를 유발합니다. 나아가서 불건강한 말과 행

단단한 마음공부

40

위, 생각을 일으킵니다. 그러면 왜, 어떻게 해서 우리는 서로 다르게 이해하고 경험하는지, 유식 1송은 그 이유를 설명하고 있습니다.

1송은 '주객의 출현'을 설명합니다. 이는 무지의 출발점, 기원을 설명합니다. 마음이 출현하고 발생하는 동기, 시작이 인식의 주체와 객체의 이원적 분별에서 비롯하기 때문에 서로 다르게 경험하고 서로 다르게 이해한다는 것입니다. 그러한 사실을 모르는 것이 바로 무지, 어리석음의 출발이라는 것입니다.

2송에서 4송까지는 '저장식의 기능'을 설명합니다. 저장식은 우리의 경험이 누적되고 쌓인 것입니다. 우리가 지금까지 세세생생 쌓아 온, 우리의 어린 시절의 경험이 누적되고 쌓여서 어떻게 지금의 삶까지 끊임없이 영향을 미치고 있는가를 설명합니다.

5송에서 7송까지는 '자아의식의 출현과 발달, 기능'을 설명합니다. 우리가 듣고 보고 느끼고 생각하고 경험한 것들이 누적된 것이 자아의식ego입니다. 우리는 경험하는 순간에 그것을 단순히 경험하는 것이 아니라 소유권ownership을 투사합니다. 그리고 그것에 집착합니다. 그래서 누군가를 사랑하게 되면, 대부분은 사랑의 경험으로 끝나지 않습니다. '나는 사랑을 이렇게 경험하고 너는 저렇게 경험하는구나' 하고 생각하면 그 사랑의 경험은 아름답고 살아 있고 계속해서 성장합니다. 그러나 우리는 경험해서 좋으면 소유권을 투사해서 경험의 내용에 집착합니다. 그러한 집착은 자연히 자아의식이 발동하도록 합니다. 그것은 다시 나의 것, 내 사랑, 내 남자, 내 여자 등의 관념으로 진행되고, 그 순간 사랑의 감정은 고정되고 퇴색합니다. 한마디로 사랑의 경험은 사랑과 사랑의 대상에 대한 신념, 관념, 주장, 자아 중심으로 변질되면서 어린 시절의 상처와 갖가지 환상이 함께 발동하기 시작합니다.

8송에서 16송까지는 '우리의 감각, 정서, 감정의 발생과 작용'을 설명합니다. 특히 웰빙과 성장, 깨달음으로 인도하는 건강한 정서와 파괴, 고통으로 유도하는 불건강한 정서에 대해 설명하고 있습니다.

17송에서 19송까지는 '어떤 과정을 거쳐서 우리의 성격을 바꾸고, 나아가서 우리의 삶, 인격, 운명을 바꾸어 갈 수 있는지, 그 이치와 근거'를 설명합니다. 한마디로 타고난 인격, 성장 과정에서 형성된 교육, 사회, 문화적 요인을 근본적으로 바꿀 수 있다는 이른바 종자 개량의 가능성을 설명합니다.

20송에서 25송까지는 '우리 존재의 궁극적 본질'을 설명합니다. 20에서 22송까지는 '현상적 자아 · 경험적 자아'에

대한 설명입니다. 자아를 인정하는 부분입니다. 우리의 본
질은 무아無我, no-self이지만 우리는 언제나 유아有我, self로 경
험합니다. 그러므로 여기서는 유아로 경험하는 깨닫지 못한
마음을 충분히 인정하고 수용하는 것입니다. 이를테면 사람
들과 대화를 할 때, "그게 아니잖아!"라고 하기보다는 일단
공감해 주어야 합니다. "그랬구나, 화가 났겠다, 슬펐겠다"
라고 상대의 입장을 이해해 주어야 합니다. 그런 후에 23송
에서 25송까지는 앞에서 인정한 유아가 본래는 무아인 이유
를 설명합니다.

마지막 26송에서 30송까지는 이론에 해당하는 앞의 25송
까지의 '가르침을 이해하고, 관계 속에서 실천하고 적용하는
방법'을 단계별로 실습해 가는 과정을 설명합니다.

초기 불교심리학에서는 자아의식이나 저장식에 대한 설
명이 유식심리학에서처럼 명료하지 않습니다. 특히 저장식
의 개념은 없습니다. 그러다 보니 윤회와 무아에 대한 불교
의 핵심 가르침을 설명하는 데 한계가 있었습니다. 즉 '나'가
없는데 어떻게 어제 일을 기억하고 '나'에 대한 연속적 개념
을 갖는가 하는 것입니다. 이전의 경험이 저장되지 않는다
면 우리는 모두 치매환자처럼 이전의 경험을 기억할 수 없을
것이기 때문입니다. 깨달은 사람과 치매환자의 공통점이 한
가지 있는데 둘 다 무아라는 것입니다.

그러니까 마음의 구조와 작용을 설명하는 초기불교 체계
로는 윤회와 무아의 가르침을 동시에 잘 설명하는 것에 한계

가 있었습니다. 저장하는 곳이 필요합니다. 어딘가에 기억되어 있어야 이전 경험을 기억할 수 있고 그래야 일주일 전, 일 년 전, 십 년 전, 또 전생을 기억할 수 있을 것입니다. 그래서 가설된 것이 아뢰야식, 즉 저장식입니다. 무아라고 하여 철저히 '나'가 없다고 하는데, 그리고 윤회한다고 하는데, 어디에 어떤 형태로 저장되어서 업이 윤회한다는 것인지 설명할 필요가 있었습니다. 여기에는 저장식의 개념도 필요하지만 자아의식의 개념도 필요합니다.

그래서 유식심리학은 마음을 초기불교의 6식識 consciousness (다섯 가지 감각식과 여섯 번째 의식) 구조에 제7식인 자아의식과 제8식인 저장식을 보태서 8식 구조로 체계화합니다. 즉 고통스러워하는 중생의 마음은 저장식과 자아의식, 여섯 번째의 의식, 다섯 가지의 감각식으로 구성되어 있다고 설명합니다. 그런데 여기서 깨달음의 수준과 무지의 정도에 따라서 여덟 가지 식이 의식으로 작용할 수도 있고 무의식으로 작용할 수도 있습니다.

여덟 가지 식이 모두 의식 영역에 머물러서 자각할 수 있기 위해서는 완전한 깨달음을 이루어야만 합니다. 깨달음의 수준에 따라서 8식의 작용은 특정한 순간에 특정한 영역이 부분적으로만 자각이 가능합니다. 그런 이유로 우리는 우리 자신의 마음을 잘 알지 못합니다. 그래서 사람의 마음은 알다가도 모른다고 하는 것입니다. 특히 자아의식과 저장식의 작용을 보기 위해서는 아라한과[7]를 성취해야 합니다.

우리 인간이라는 존재는 여인숙과 같다.
매일 아침 새로운 손님이 찾아온다.
기쁨, 우울, 초라함 같은
어떤 순간적인 자각이라는 방문객이 뜻하지 않게 찾아든다.

그들 모두 환영하라, 그리고 대접하라!
심지어 그들이 당신의 집과 가구들들을
사정없이 휩쓸어버리는 슬픔의 군중일지라도
그래도 각각의 손님들을 고결하게 대하라.
어쩌면 그들이 새로운 기쁨을 위해
당신의 내면을 정화시켜주는지도 모르니,

어두운 생각, 수치심, 악의 같은 손님일지라도
그들을 문간에서 웃으며 맞이하라.
그리고 안으로 모셔 들여라.
어떤 손님이 오든 고마워하라.
그들 하나하나 저 너무 추월의 세계에서
보내준 안내자이기 때문이다.

-루미(Rumi, 13세기 페르시아 시인)

제 2 장

마음은 어떻게 생겨나는가

● ─────────────── 우리가 진실로 배워야 하는 것이 무엇일까요? 한마디로 말하면 사랑입니다. 진실로 사랑하는 법을 배우는 겁니다. 자아초월 임상심리학자인 프렌시스 보건이 평생 다양한 문화적 전통에서 성장한 동서양 내담자들을 만나면서 한 가지 공통점을 발견했답니다. 그게 무엇인 줄 아십니까? 모두가 사랑하고 싶고 사랑받고 싶어 한다는 사실입니다. 그럼에도 불구하고 대부분의 사람들은 사랑을 하고 사랑을 받는 일에 상당한 장애를 겪고 있다는 것을 발견했다는 겁니다. 남의 얘기가 아니죠? 왜 그럴까요? 왜 모두가 사랑하고 싶고 사랑받고 싶어하면서도 안 될까요? 진정한 사랑은 본능이 아니기 때문이지요. 배워야 한다는 뜻입니다. 또 사랑은 혼자하는 것이 아니기 때문에 상대도 알아야 하고, 자기도 알아야 하는 거지요. 그뿐이 아니죠. 너와 내가 사랑하는 내적 외적인 조건인 우리 사회, 문화도 알아야 합니다. 결국은 우리가 온전히 사랑하기 위해서는 나를 알아야 하고, 나와 너의 관계, 그리고 나와 너가 속한 사회, 자연환경, 우주를 알아야 한다는 거지요.

─────────────── ●

1송

'나'와 '너'가 서로 독립된 존재라는 어리석은 생각 때문에 온갖 종류
의 현상적 모양이 발생하는 것이다. 우리가 다르게 인식하는 다양한
현상적 차이는 바로 '너'와 '나'라고 하는 주객 이원적인 인식과 앎에
의해서 생겨난 것에 불과하다.

1송은 마음이라는 것이 어떻게 발생하는지에 대해서 설명합니다. 《능엄경》에 보면 부처님과 아난존자가 마음이 어디에 있는지를 두고 대화하는 장면이 나옵니다. 마음이 몸 안에 있다고 하면, 부처님은 그것이 모순된다고 지적하십니다. 그래서 아난존자는 마음이 몸 밖에 있다고 말합니다. 그러면 부처님은 그것이 다시 모순된다고 지적하십니다. 이번에는 안과 밖 사이에 있는 것이라고 대답하면 거기에 대해서 다시 모순된다고 지적하십니다.

마음이 최초로 발생할 때, 그것은 항상 인식의 주체와 객체 및 대상의 접촉으로부터 출발합니다. 즉 마음이 일어나는 곳에는 항상 보는 자와 보이는 자, 듣는 자와 들리는 자, 느끼는 자와 느껴지는 자 등이 있습니다. 그러므로 우리의 경험과 앎은 항상 주체와 대상의 분리가 일어납니다. 경험하는 자와 경험되는 대상으로 나누어지는 그곳에 마음이 존재합니다. 중생의 마음이 발생할 때는 항상 주객이 이원적으로 분리될 때 일어납니다. 우리는 언제나 인식을 할 때 주

객이원론으로 인식합니다. 인식하는 내가 있고, 인식하는 대상이 있습니다.

우리는 뭔가를 안다고 할 때, 앎의 시작은 아는 내가 있고 알려지는 대상이 있다는 것입니다. 그러기 때문에 우리가 안다고 하는 앎은 출발부터 주체자의 관점과 대상자의 관점이 서로 다릅니다. 상대방 입장에서 보면 상대가 주체가 되고 내가 대상이 됩니다. 자신의 입장에서 보면 내가 주체가 되고 상대가 객체가 되는 것입니다. 그렇게 항상 주객이원적으로 다르게 경험되고 알게 됩니다.

그런데 실상은 주체와 객체가 우리가 생각하는 것처럼 그렇게 독립적으로 분리되어 있는 것이 아니라 서로 연기적으로 상호작용한다는 것입니다. 나의 생각과 감정은 상대의 생각과 감정을 일으키고, 상대의 생각과 감정은 곧바로 나의 생각과 감정으로 유입됩니다.

이를테면 컵 안에 물이 있습니다. 제가 별 생각 없이 그냥 목이 말라서 물을 마십니다. 물을 이렇게 맛보는 경험을 하고 나면 이제 제가 경험한(마신) 물은 나 자신과 분리될 수 없습니다. 몸 안에 들어가는 순간 물을 마시는 내가 있고 마신 물이 있지만, 그 물은 이미 나의 일부가 된 것입니다. 감정도 생각도 그와 같은 이치입니다. 이와 같이 주객은 사실 나눌 수 있는 것이 아닙니다. 보는 자와 보이는 자가 사실은 분리될 수 없는 연기적 관계에 있습니다.

우리는 매일 밥을 먹는데 먹기 전까지 밥과 나는 별개의 존재입니다. 그러나 밥을 먹고 난 후에는 밥 따로 나 따로 나누는 것이 불가능합니다. 밥은 내 몸의 일부가 되고, 피의 일부가 되고, 살의 일부가 된 것입니다. 보는 것, 듣는 것도 다 마찬가지입니다. 영어에 "You are what you eat."라는 말이 있습니다. 이는 '당신이 먹는 것이 (바로) 당신(자신)이다'라는 의미로 무학 대사가 했던 "돼지 눈에는 돼지만 보이고 부처 눈에는 부처만 보인다."는 말과도 일맥상통합니다. "네가 보는 게 바로 너다. 네가 듣는 게 바로 너다."라는 것입니다. 여러분과 여러분이 먹은 밥을 어떻게 분리할 수 있겠습니까? 처음에는 너였지만 지금 내가 경험하는 순간 나가 됩니다. 물질만 그런 것이 아니라 관념, 생각, 지식 등 모든 것이 그러합니다.

그래서 유식唯識 mind-only, consciousness-only의 의미는 서로 다르게 보고, 다르게 느낀다는 것입니다. 같은 공간과 시간에 머물러도 모든 이가 그 순간을 제각각 다르게 경험합니다. 우리의 경험과 앎은 이와 같이 시작합니다. 그렇다고 모두 다르게 아니까 무조건 반응하지 말고, 식물인간처럼 가만히 있으라는 이야기는 아닙니다. 경험을 하고 또 알고 반응하되, 그 경험이나 앎에 집착하지 말고, 즉 머물지 말고 마음을 일으키라(응무소주 이생기심應無所住 而生其心)는 것입니다.

우리가 안다는 것, 체험하는 것에는 이미 이원성이 들어 있습니다. 이원적으로 이미 오염이 되어 있기 때문에 그것 자체가 고통의 시작입니다. 주객으로 분리해서 따로 아는 것은 있는 그대로의 사실이 아니기 때문에 항상 갈등하고 미워할 잠재적 성향이 깔려 있습니다. 있는 그대로의 진실은 모두 연기적으로 연결되어 있고 상호 의존적인데, 우리는 이원적으로 분리해서 단절하고 경계합니다.

그런데 이와 같은 이원적 앎과 경험이 일상을 살아가는 우리에게 주는 메시지는 무엇일까요? 그것은 바로 우리가 아는 것이 다가 아니라는 것입니다. 내가 보고, 이해하고, 판단하고, 생각하는 것이 전부가 아니라는 것입니다. 그나마 내가 보고 알고 이해한 것도 다 내 방식으로 이해한 것입니다. 나만 그렇게 생각할 뿐이지 상대는 다르게 생각할 수도 있다는 뜻입니다.

우리가 인식하고 기억하고 이해하는 것은 극히 일부이므로 자기가 아는 것이 전부인 줄 착각하거나 주장하고 강요해서는 안 됩니다. 나 아닌 다른 사람은 나와 다르게 이해할 수 있습니다. 그러므로 우리는 인식의 범위를 확장해야 합니다. 내가 기억하거나 의식하지는 못하지만 내가 모르는 세계가 무한하다는 것에 대한 이해가 어느 정도 되면 나와 다르게 느끼고 판단하는 것을 두고 크게 충돌하지 않습니다. '아, 저렇게 느낄 수도 있구나, 저렇게 생각할 수도 있구나'

하면서 나와 다른 것에 대한 갈등이나 긴장보다는 그것을 통해서 배움이 일어나고 인식의 확장이 일어납니다. 뭔가 내 인지에 부조화가 일어났을 때, 내 기대와 맞지 않았을 때, 내 판단과 맞지 않았을 때 '무슨 이유가 있겠지' 하는 식으로 마음의 여지, 공간이 생겨납니다.

그래서 우리가 알고 체험하고 이해한다는 것은 늘 관점의 차이에 오염되어 있기 때문에 어떤 경우에도 자신이 이해한 것에 대해서 마침표를 찍지 말아야 합니다. 항상 여지를 남기고 '절대'를 붙이지 말아야 합니다. 굉장히 흥분하거나 분노할 때는 절대로 아니라고 생각합니다. 주객으로 분리하여 아는 것 자체가 문제가 되는 것이 아닙니다. 우리는 이런 식으로 필연적으로 나누어서 이해하는데, 이런 기본적인 습성을 이해하지 못한 채 내가 보고 들은 것이 전부이고 절대적인 것처럼 거기에 집착하고 자기중심적인 세계를 건설해 가는 것이 문제입니다. 나는 주체가 되고 나가 아닌 상대는 객체가 되는데, 이 객체의 입장에서는 또 객체가 주체가 되는, 절대 평등하면서 상호 의존적인 관계를 모르는 것이 문제가 됩니다. 자기만이 주체가 되고 타자는 언제나 대상으로만 볼 뿐 타자의 관점에서 생각하지 못하기 때문에 자기세계에 갇히는 것이 문제라는 것입니다. 그것이 바로 무지, 어리석음의 시작입니다.

앎의 시작, 그것은 곧 무지의 시작이기도 합니다. 왜냐하면 앎은 반드시 아는 나와 아는 대상으로 항상 이원적으로 출발하기 때문입니다. 오직 나 자신만 그렇게 알 뿐 다른 이들은 다르게 알고 다르게 경험한다는 사실을 모르는 데서 무지가 시작됩니다.

제 3 장

기억 청소

● —————————————— 찻집에서 친구와 커피를 마시며 몇 시간 동안 이야기하고 집에 돌아왔는데, 아이가 엄마 담배 피웠느냐고 합니다. 비록 자기는 안 피웠지만 담배 냄새가 몸에 밴 것입니다. 우리가 전혀 의식하지 않고 알지 못해도 우리 안에는 끊임없이 주변 환경의 물리적·정신적 상태로부터 오염됩니다. 모든 정신적인 내용, 물질적인 내용, 정신도 물질도 아닌 중간적인 무수히 많은 것들이 알게 모르게 이 세상에 태어나면서부터 죽을 때까지 계속적으로 우리에게 영향을 미치고 작용을 한다는 것입니다. 그런데 저장식은 너무나 방대하고 동시에 너무나 미세하기 때문에 어디에 저장되는지, 저장되는 과정이나 시간, 모양이나 장소를 알아차리지 못합니다. 그것이 어떤 모양과 형태로 우리 내면의 어디쯤에 저장되는지 아는 것은 불가능합니다. 사람이 감지할 수 있는 소리 파장의 범위와 개가 들을 수 있는 소리의 파장 범위가 엄청나게 다르다는 사실을 우리는 모두 알고 있습니다. 이 말은 우리가 듣지 못한다고 해서 그 소리가 존재하지 않는 것은 아니라는 것입니다. 다만 소리가 너무 크거나 미세해서 우리의 감청 주파수에 잡히지 않는 것뿐입니다.

2송

주객의 분리로 출현하는 앎은 다르게 성숙하는 이숙식,[1] 생각하고 계획하는 식,[2] 대상의 영역과 범위를 식별하는 식,[3] 이 세 종류이다. 첫 번째 이숙식은 저장식이며 일체종자식이다.[4]

 3송

저장식은 모든 경험의 종자와 신체, 그리고 자연계를 인식 대상으로 삼고 발생하는데 그 인식작용이 너무나 미세하고 무한해서 저장식이 대상을 파악하고 받아들이는 능력, 위치한 자리, 분별능력을 감지하기가 어렵다. 저장식은 항상 접촉, 주의, 느낌, 개념화,[5] 의지 작용과 연합되어 있다. 저장식은 즐겁지도 괴롭지도 않는 중성이다.

 4송

저장식은 깨달음을 방해하는 번뇌와 어리석음에 오염되어 있지 않고 선·불선이 아닌 중성적 특질을 지닌다. 접촉, 주의, 느낌, 개념화, 의지 역시 번뇌와 어리석음에 오염되지 않으며 선·불선이 아닌 중성이다. 저장식은 폭포수처럼 끊임없이 생멸유전하고 아라한의 지위에 가서야 그 생멸유전을 멈춘다.

제8식, 즉 저장식에 대한 설명입니다. 저장식은 흔히 무몰식無沒識, 절대 없어지지 않는 식, 또는 종자식, 모든 행위의 씨앗이 되는 식이라는 뜻입니다. 우리가 의식하고 기억하는 것만 저장되는 것이 아니라 의식하든 하지 않든 간에 접촉되고 경험되는 것은 모두 저장된다는 것입니다. 또 저장된 경험은 뒤에 상황과 조건에 따라서 다른 형태로 변형되어 드러난다는 것입니다.

저장식은 우리가 알아차리지 못하는 깊은 무의식의 영역입니다. 우리는 매 순간 의식하지 못하는 무수한 조건과 상황 속에 있습니다. 강의를 들을 때 강의하는 소리나 강사의 얼굴은 계속 보고 있고 관심을 가지니까 의식되지만, 그 외 청중의 몸은 의자와 접촉되어 있어서 거기에 대한 느낌이 있고 숨을 쉬고 있으니 공기도 있고 온갖 형태로 다 접촉되어 있음에도 불구하고 우리는 일일이 그것에 주의를 기울여서 알아차리거나 기억하지는 못합니다. 이 저장식은 우주 법계가 모두 인식의 대상이지만 그것을 일일이 모두 의식하지는 못합니다. 의식하지 못하는 가운데 이 무한의 우주법계, 모든 자연계와 관계되어 있습니다. 연기되어 있다는 뜻이고, 상호 의지되고 관련되어 있는데 단지 우리가 의식하지 못하고 있을 뿐입니다. 그러니까 이 우주 법계의 어느 한 가지라도 우리가 존재하는 순간에 우리와 무관하게 있는 것은 없습니다.

바깥에서 친구와 커피를 마시며 몇 시간 동안 이야기를 나누고 집에 돌아왔는데, 아이가 엄마가 밖에서 담배를 피웠느냐고 물어봅니다. 자기는 피우지 않았지만 그 장소에 남아 있던 담배 냄새가 몸에 밴 것입니다. 우리가 전혀 의식하지 않고 알지 못해도 우리는 끊임없이 주변 환경의 물리적·정신적 상태로부터 오염됩니다. 모든 정신적인 내용, 물질적인 내용, 정신도 물질도 아닌 중간적인 무수한 것들이 알게 모르게 이 세상에 태어나면서부터 죽을 때까지 계속적으로 우리에게 영향을 미치고 작용을 한다는 것입니다.

그런데 저장식은 너무나 방대하고 동시에 너무나 미세하기 때문에 어디에 저장되는지, 저장되는 과정이나 시간, 모양이나 장소를 알아차리지 못합니다. 그것이 어떤 모양과 형태로 우리 내면의 어디쯤에 저장되는지 아는 것은 불가능합니다. 사람이 감지할 수 있는 소리의 파장 범위와 개가 들을 수 있는 소리의 파장 범위가 엄청나게 다르다는 사실을 모두 잘 알 것입니다. 이 말은 우리가 듣지 못한다고 해서 그 소리가 존재하지 않는 것은 아니라는 뜻입니다. 다만 소리가 너무 크거나 미세해서 우리의 감청 주파수에 잡히지 않는 것뿐입니다.

지구가 돌아가는 소리는 너무나 커서 우리 귀에는 들리지 않습니다. 우리는 우리가 인식할 수 있는 일정 범위 안에서만 인식할 수 있습니다. 너무 크거나 너무 작은 것은 우리 안에 포착이 안 되는데 저장식이 그러합니다. 전 우주 자연계를 대상으로 무엇이든 몽땅 저장되기 때문에 무한히 크고, 시간적으로도 과거로부터 수없이 많은 생을 반복하면서 경험된 모든 것이 다 저장되기 때문에 무한합니다. 예컨대 데이터 저장장치인 USB는 아주 작지만 그 속에 방대한 양의 데이터가 저장됩니다. 아무리 많은 데이터가 들어 있어도 만일 그것을 잘라서 보려고 하면 아무것도 볼 수 없습니다. USB가 작동할 수 있는 컴퓨터라고 하는 조건이 있을 때, 비로소 그 속의 정보가 나타납니다. 마찬가지로 우리가 경험한 온갖 사랑과 질투와 미움과 분노가 어딘가에 저장되어 있다고 해도 우리의 몸이나 머리를 잘라서 볼 수는 없습니다.

저장식은 다섯 가지 과정으로 저장되는데 이러한 과정을 거치면서 저장된 것들은 없어지지 않습니다.

- 촉(접촉contact)
- 작의(주의, 정신적 개입attention)
- 수(느낌body-sence, feeling)
- 상(경계, 변별, 분별conceptionalization, discrimination)
- 사(경향성, 의도volition, intention)

오래전 요가 수행자들이 명상을 통해서 아주 깊은 무의식의 선정 상태에 들어가 보니 모두 이와 같은 과정을 거치더라는 것입니다. 즉 앎의 발생의 첫 번째 단계는 '접촉'입니다. 보는 것은 시선접촉eye contact입니다. 눈으로 보든, 귀로 듣든, 혀로 맛보든 감각기관과 마음은 각각 그 대상과 접촉하게 됩니다. 접촉이 되면 자동적으로 접촉된 주의가 주어지고, 그에 따른 느낌이 있습니다. 그 느낌에 대해서 대상을 특징화하는 정신적 작용, 개념화가 일어나고, 심리적으로 대상을 향한 어떤 마음, 의지가 생겨납니다.

그러나 이 다섯 가지 과정이 끊임없이 생성되고 소멸하면서 저장되는데 그 속도가 너무나도 빨라서 마치 폭포수와 같이 흐른다고 묘사하고 있습니다. 우리가 접촉, 주의, 느낌, 개념화, 의도의 과정을 알아차리지 못하기 때문에 종자로 저장됩니다. 만약에 선정 상태에서 이들의 발생과 소멸의 속도를 자각하여 따라잡을 수만 있으면 자각되는 것들은 종자로 저장되지 않고, 그럼으로써 업의 흔적을 남기지 않게 된다는 것입니다.

저장식의 특징은 무의식입니다. 오직 아라한과를 증득한 자만이 알아차릴 수 있는 것입니다. 정신분석에서는 억압된 욕구의 경우에서 보듯이 건강·불건강의 특질 그 자체가 무의식이 내재된 것으로 봅니다. 그러나 유식의 저장식은 무의식이지만 선·불선이라고 규정짓지 않습니다. 행위로 드러나기 전까지는 선·불선이라고 이야기할 수 없다는 것입니다. 그걸 한자로는 무부무기無覆無記라고 번역합니다. 무부無覆라는 것은 저장식 자체가 아직까지 인지적 사고나 감정, 정서로 드러나지 않았다는 것입니다. 그러므로 저장식 자체만으로는 선·불선을 규정지을 수 없고, 또 의식되지 않기 때문에 무의식입니다. 조건을 만나서 신구의身口意 삼업으로 드러날 때 우리는 '선이다, 불선이다'라고 말할 수 있지 경험 그 자체를 가지고 '선이다, 불선이다'라고 말할 수 없다는 것입니다. 전생·현생에서 내가 경험한 것들이 저장되어 있고 폭포수처럼 흐르고 있다가 인연과 조건이 맞으면 불쑥 튀어나와서 영향을 미칩니다. 그때 우리는 그것이 선한 것인지 불선한 것인지 알게 됩니다.

저장식에는 세세생생 무수히 많은 경험, 업의 종자가 알아차림을 받지 못한 채 저장되어 있습니다. 종자의 형태는 아직 싹이 트지 않았기 때문에 저장식은 고통을 유발하는 불선不善도 아니고, 행복을 유발하는 선善도 아닌 중성의 성질을 나타냅니다. 종자 자체가 선이나 불선이 아니라 종자가 만나지는 상황과 조건에 따라서 선으로 드러나기도 하고 불선으로 드러나기도 합니다. 마치 수분이나 공기가 적당히 맞으면 쌀알에서 갑자기 쌀벌레가 나오는 것과 같습니다. 또 음식물 쓰레기에서 조건이 맞을 때 날파리가 생겨나는 것과 같습니다. 마찬가지로 우리에게는 무수한 사랑의 경험이 있지만 그것이 사랑으로 나올지 질투로 나올지 자비로 나올지 지혜로 나올지는 현상으로 드러나 봐야 알 수 있습니다. 그래서 종자식은 선이나 불선이라고 할 수 없으며, 이것이 불교가 인연법을 중시하는 이유이기도 합니다. 인因이 종자라면 연緣은 조건입니다.

그래서 우리는 항상 조건을 고려하지 않고 행위 자체만으로 옳다, 그르다고 해서는 안 됩니다. 또 우리가 고통을 겪고 있다면, 그것은 이미 조건이 무르익어서 나온 것이기 때문에 왜 나에게 이 일이 일어났느냐고 원망하고 따지는 방법으로 고통을 제거하지는 못합니다. 왜라고 묻거나 원망의 대상을 찾는 대신 고통의 존재 자체를 자각하고 알아차리는 것이 중요합니다. 화가 나는 순간 그 화를 보는 것은 힘겨운 일이지만, 그 상태를 봐야 합니다. 고통을 고통으로 보는 것이 사성제四聖諦 중의 첫 번째인 고제苦諦의 핵심입니다.

사랑하는 감정이나 미워하고 질투하는 감정이 일어나면 내가 괴로우니까 양심에 걸리거나 죄책감이 들거나 인정하기 싫고 자존심이 상하니까 그것을 피하게 됩니다. 그러나 저장식은 우리가 보고 싶지 않고 인정하고 싶지 않은 감정이나 생각의 뿌리입니다. 왜냐하면 저장식은 종자이기 때문에 자신의 존재를 스스로 드러내지는 못합니다. 저장식은 항상 자아의식에 영향을 미치고 자아의식은 다시 정서와 감정에 영향을 미치는 방식으로 드러납니다. 또 저장식은 오감각식에도 영향을 미치고, 그것은 다시 정서로 드러납니다. 그러므로 저장식의 작용을 보기 위해서는 자아의식을 봐야 하고, 자아의식을 보기 위해서는 정서, 감정을 봐야 합니다.

뭔가 마음에 걸리고 신경이 쓰인다는 것은 저장식을 들여다보는 좋은 소재입니다. 저장식에 없는 것은 파악하거나 알 수 없습니다. 우리가 불상을 보거나 하늘의 별을 보면서 성스러움을 느끼는 것은 불상이나 별이 성스러운 것이 아니라 우리 안에 성스러움이 있기 때문입니다. 우리의 저장식에는 무수한 삶을 거치면서 온갖 종자가 다 들어 있지만 기왕이면 거룩하고 성스러운 것, 선한 것이 터치되고 싶은 것입니다. 기왕이면 그 쪽을 강화하고 싶고 경험해 보고 싶은 것입니다. 우리는 본능적으로 선한 것을 좋아합니다.

우리가 누구를 좋아하는 것은 망상이고 착각이지만 내 안에 있는 불성을 체험하고 싶기 때문에 거룩한 사람을 보면 굉장히 좋아하고 존경합니다. 우리 내면에 있는 거룩함이 터치되는 순간이기 때문입니다. 또 맑은 공기나 자연 속에 있을 때, 신선함을 느끼는 것처럼, 누구를 좋아할 때 그 사람을 계기로 해서 우리 안에 있는 어떤 것이 터치되는 겁니다. 반대로 어떤 사람을 싫어하는 것도 우리 내면의 어떤 싫어하는 것이 터치되는 겁니다.

누구나 긍정적인 면과 부정적인 면이 있지만 부정적인 것에 초점이 맞추어지는 것은 우리의 심리 상태가 그 순간 부정적 에너지로 충만해 있다는 증거입니다. 또 긍정적인 점에 초점이 맞추어지는 순간은 긍정적인 에너지로 충만해 있기 때문입니다. 물론 대상의 에너지가 너무 강하면 그 에너지에 의해서 일방적으로 영향을 받을 수도 있습니다. 그러나 대체로 마음의 병이 많은 사람일수록 부정적인 면에 초점을 맞추는 경향이 있습니다. 사랑을 받지 못했거나 자기 안에 해결되지 못한 결핍이 많으면 많을수록 자기도 모르게 부정적인 면에 끌리게 됩니다.

우리는 저장식을 직접 알 수는 없지만 정서와 감정을 통해서 저장식의 어느 영역이 미해결된 채 저장되어 있는지 짐작해 볼 수 있습니다. 그래서 상대의 어떤 모습을 못 보는

지, 잘 보는지 명상하면서 살펴봐야 합니다. 어떤 모습을 잘 본다는 것은 본인의 장점이 됩니다. 유난히 화가 나는 일과 유난히 끌리는 일은 가만히 생각해 보면 같이 가는 것입니다. 자기가 굉장히 유아적인 사람은 유아적인 사람의 꼴을 못 봅니다. 왜냐하면 자기의 유아적인 모습이 거슬리기 때문입니다. 그래서 자기 안에 억압되거나 자기 안에 거슬리지 않으면 그냥 편안하게 알아차리고 객관적으로 인식할 뿐 감정적으로 대응하지는 않게 됩니다. 어떤 사람이 주는 것 없이 밉고 싫어진다면, 그 마음이 일어나는 내면을 살펴보는 것이 중요합니다. 상대방의 어떤 모습이나 태도 방식은 우리 자신이 인정하고 싶지 않은 우리의 모습이기 때문입니다. 그런 의미에서 우리에게 필요하지 않는 인연은 오지 않는다는 《대승기신론》의 가르침을 다시금 되새겨 볼 필요가 있습니다.

알아차림이 치유다

초기경전인 《대념처경》에서 부처님은 다음과 같이 말씀하십니다.

"내가 완전히 깨닫고서도 너희들에게 설하지 않은 것이 많다. 그것은 유익하지도 않고 청정한 삶에 꼭 필요한 것도 아니며 열반으로 이끌어 주지도 않는다. 그렇다면 내가 설한 것은 무엇인가? 유익하고 청정한 삶에 꼭 필요한 네 가지 진리이다. 나는 이전에도 지금도 오직 괴로움과 괴로움의 소멸을 가르친다."

여기서 괴로움을 자각함으로써 괴로움을 소멸할 수 있는 구체적인 방법이 바로 여섯 가지 감각기관(5가지 감각+의식-편집자주)에 대상이 만나게 되는 그 자리를 알아차리는 것입니다. 그 자리는 즐겁거나 싫거나 할 것입니다. 즐거우면 원하게 되고 싫으면 밀어내거나 별 관심이 없을 것입니다. 그 자리가 바로 괴로움이 소멸되는 문이고 찰나입니다.

알아차림이 치유이다, 즉 바로 우리의 눈, 귀, 코, 혀, 몸과 의식이 각각 그 대상과 접촉하는 그 자리를 알아차리는 순간순간이 치유가 되고 깨달음이 됩니다. 우리는 특별히 의식적으로 무언가를 하지 않아도 됩니다. 단지 우리의 감각기관과 의식이 그 대상과 만나는 그 순간, 그리고 이어서 발생하는 느낌과 개념화 과정을 알아차리는 것으로 충분합니다. 그것이 치유이고, 고통의 발생을 사전에 차단하고 예방하는 방법입니다.

불교에서는 괴로움의 원인인 자아에 대한 집착을 소멸하기 위해서 무아를 가르칩니다. 무아를 가르치기 위해서 '나'라고 하는 실체를 다섯 가지 무더기, 즉 오온을 가르치는 것입니다. 오온은 감각기관과 의식이 대상을 만났을 때 발생하는 반응, 경험입니다. 즉 색(감각기관과 감각대상) - 수

(느낌) – 상(지각) – 행(경향성, 의도) – 식(앎)의 시리즈로 발생하는 경험의 과정, 앎의 과정입니다. 그런데 우리는 그러한 경험의 과정을 '자아'라고 믿고 집착하는 것이지요. 이게 바로 아집(자아에 대한 집착)의 실체입니다.

그렇다면 '나'가 없는데 윤회하는 것은 무엇일까요? 다시 말해서 '윤회의 주체는 무엇일까?' 하는 겁니다. 윤회의 주체는 제7 마나식, 자아의식입니다. 자아의식이 없다면 윤회할 필요가 없습니다. 서양 심리학에서 마나식에 가장 가까운 개념은 자아의식ego일 것입니다. 일상의 삶에서 자아의식이 작동하지 않는다면 그것이 곧 열반이 아닐까 합니다. 우리는 항상 자아의식, 즉 자아의식을 작동하기 때문에 우리의 업, 행위가 윤회할 수 있는 원인을 심게 됩니다. 자아의식이 작동하지 않으면 무심해집니다. 여기서 무심無心의 심心은 자아의식입니다. 자아의식이 작동하지 않으면 업이 작동하지 않습니다. 그렇다고 식물인간처럼 아무 생각도 느낌도 없다는 뜻이 아닙니다. 그냥 경험되는 것을 있는 그대로 왜곡하지 않고 경험한다는 것입니다. 즉 오온의 과정에 집착하지 않고 경험의 과정, 앎의 과정으로 흘러가는 것을 알아차리고 바라보게 되지, 오온을 자아라고 착각하지는 않는다는 것입니다. 정신분석에서는 그러한 착각, 집착을 동일시라고 말합니다.

통해야 삶이 통한다

음식을 먹었는데 소화가 안 되거나 배설이 되지 않으면 신체적 고통을 유발하듯이 정신적인 것도 마찬가지입니다. 우리는 일상에서 잠시도 쉬지 않고 온갖 것을 보고 듣고 생각하는데, 그것을 적절한 방식으로 알아차리고 이해하지 못하면 거친 덩어리로 저장이 됩니다. 즉 일상의 경험이 연민, 사랑, 이해, 용서, 배려, 지혜, 통찰, 알아차림 등과 같은 정신적 특질로 잘 소화되고 흡수되지 못하면 저장식에서 이리저리 뒹굴고 돌아다니다가, 즉 전변되다가 어떤 상황이나 조건에서 감정, 정서라는 이름으로 표출됩니다. 아니면 인지적인, 개념, 관념, 신념 등 딱딱한 덩어리로 표출됩니다.

정신적이든 신체적이든 병이라는 것은 단절되고 막혔을 때 발병됩니다. 단절은 연기적 관계, 머무름을 방해하는 것입니다. 현상에 대한 자신의 앎, 지식이 진실이라고 믿는 것을 특별히 소지장이라고 부릅니다. 자신의 생각이나, 관념, 개념, 신념을 절대적인 것처럼 믿다 보면 다른 사람의 생각이나 관념과 부딪혀서 소통이 제대로 이루어지지 않습니다. 《중론》을 저술한 용수보살은 특히 이 소지장을 타파하는 논리체계로 진리, 연기, 공空에 역행하는 것들을 타파해 줍니다. 유식은 현상에 대한 그릇된 지식으로 인한 장애, 즉 소지장뿐만 아니라 번뇌장, 즉 어지러운 감정, 정서 부분까지 잘 치유해 줍니다.

그런데 이런 논리, 개념, 신념 등은 논리로 타파하면 파사현정破邪顯正, 즉 그릇된 것을 타파하고 올바른 것을 드러내게 하는 것이 가능합니다. 하지만 감정·정서적인 것들은 그렇게 내리치면 더 큰 상처를 입게 될 뿐 고쳐지지 않습니다. 번뇌장은 자아의 존재에 대한 믿음에서 출발한 것이기 때문에 감정적으로 다치면 존재감 자체가 직접적으로 위협받기 때문입니다.

그래서 똑같은 심리치료도 인지치료와 정서, 감정 부분은 다릅니다. 감정·정서적으로 상처를 입었을 때는 공감하고 위로하고 일단은 먼저 수용하고 어루만지고 인정하고 존중하고 상처가 아물도록 해 주어야지 같은 방식으로 내리쳐서는 안 됩니다. 가장 중요한 것이 사람을 대면할 때나 무슨 일이 벌어졌을 때 내면에서 물이 흐르듯이 공명을 일으키지 않고 뭔가 꽉 막힌 벽 같은 것을 느낀다면 인지적인 장애가 일어난 것입니다. 자신의 주관적인 관념이나 신념이 너무나도 강해서 소통이 안 되는 경우가 그렇습니다. 마음이 어지럽고 아픔으로 다가올 때는 마음에 상처를 입은 것입니다. 물론 깊이 들어가면 이 둘은 완전히 분리된 것이 아니라 관념이나 신념이 정서에 영향을 미치고, 역으로 정서가 관념이나 신념에 영향을 미치지만 일단은 이 둘의 구분이 명료합니다.

우리는 태어나서 성장하면 수많은 인간관계를 맺고 거기에서 미움, 섭섭함, 분노, 좌절, 실망 등 온갖 것을 경험하는데 알고 보면 그런 것들이 우리를 줄곧 흔드는 것입니다. 그런데 그 흔듦이 없다면 우리는 어떻게 깨닫거나 자유로워질 수 있을까요? 그래서 어떤 비바람이나 역경과 고난도 알고 보면 다 인생 공부의 좋은 양식입니다. 그것을 통해서 우리가 더 성장하고 더 인간적인 사람, 더 매력적인 사람, 깊이가 있고 애정이 있고 멋이 있는 사람이 될 수 있기 때문입니다. 그런데 문제는 그와 같은 우리의 인생경험이, 그리고 우리가 알고 모르게 했던 정신적·육체적 반응이 모두 축적되어 저장식을 이룬다는 사실입니다. 그리고 그렇게 저장된 반응이 때로는 예기치 않는 상황을 능숙하게 처리하는 데 유용하기도 하지만 더러는 현재의 경험이나 인간관계를 방해하는 경우도 적지 않습니다.

가끔 예상하지 못했거나 원하지 않는 상황에 직면할 때 화가 나는 것은 저장식의 영향입니다. 그런데 예전 같으면 강하게 반응했을 상황, 예컨대 옛날 같으면 주먹이 나갔거나 험한 말을 내뱉었을 상황에서 그 순간 예전에 했던 행동들이 파노라마처럼 쭉 지나가면서 그걸 그냥 보고 있는 상태를 다들 경험해 보셨을 것입니다. 그러면 우리는 "참 성질 좋아졌다, 성질 다 죽었네, 옛날 같으면…" 하는 식의 표현을 합니다. 이때 중요한 것은 경험을 하되 그 순간 자각을 하느냐, 못 하느냐의 차이입니다. 자각을 한다는 것은 저장된 과거 경험이 현재 의식 속에서 생겨나고 사라지는 것을 바라본다는 의미입니다. 그만큼 저장식을 정화한다는 의미이기도 합니다. 저장식이 맑아지면 상대의 모습이 우리의 의식에 더 선명하게 드러납니다. 그것을 우리는 다른 말로 상대 입장에서 보게 된다거나 상대를 있는 그대로 본다고 말합니다. 그러나 만일 자각을 놓치면 금방 자아의식이 작동하면서 '뭐야, 날 무시하는 거야!' 하며 내가 가난하다고, 못 배웠다고, 늙었다고, 자기가 요즘 잘나간다고 등의 갖가지 '나' 중심의 생각과 감정이 들끓게 되어 관계는 엉망이 되고 맙니다. 저장식이 현재 경험에 드러날 때 자각을 하느냐, 못 하느냐의 차이에 따라 우리는 상당히 다른 마음, 행동을 하게 됩니다.

마음속 가장 심오한 것이 친절임을 알기 전에,
또 다른 가장 심오한 것이 슬픔임을 알아야 한다.
우리는 아침이면 슬픔과 더불어 깨어나야 한다.
우리는 슬픔에 말을 걸어야만 한다. 우리 목소리가
모든 슬픔의 가닥을 한 올 한 올 담아낼 때까지
그리고 슬픔이라는 천의 크기를 다 헤아릴 때까지
그리고 나면 이제 마땅한 건 친절뿐이니,
오직 친절만이 우리의 신발 끈을 묶어주고
편지를 부치고 빵을 사며 하루를 보내게 하고,
오직 친절만이 세상의 온갖 무리로부터
머리를 들어 말한다.
그대가 찾고 있는 것이 바로 나라고
그러니 내가 그대와 함께 어디나 가리라고
그림자처럼, 친구처럼.

- 「친절」 나오미 시하브 나이(Naomi Shihab Nye)

나는
누구인가?

● ———————————————— 우리에게 발생하는 문제의 근원이 자아의
식입니다. 그냥 경험되어지는 것 자체를 경험하기만 하면 되는데 그것을 자기
경험이라고 여기고 집착한다는 겁니다. 내가 본 것을 내 것이라 생각하고 내가
들은 것을 내 것이라 생각하고 내가 사랑했으면 내 사랑이라 한다는 겁니다. 심
하면 친구도 오늘 나하고 시간 보내고 좋아하다가 다음날 다른 친구하고 놀 수
도 있는데 그것을 봤을 때 배신감이나 질투심을 느끼고 난리가 나는 겁니다. 경
험에 소유권을 발동시키는 것을 불교적으로는 경험에 집착한다고 하고, 심리학
용어로는 투사라고 합니다.

———————————————————— ●

5송

두 번째 앎의 변화는 마나스manas[1]라고 불리는 자아의식이다. 자아
의식은 저장식에 의존해서 발생하고 작용한다. 자아의식은 저장식을
대상으로 삼고, 그것을 자아라고 착각한다. 자아의식의 특징은 생각
하고 계산하는 인지작용이다.

 6송

자아의식은 항상 네 가지 번뇌를 수반한다. 자아에 대한 무지,[2] 자아
에 대한 믿음,[3] 자아에 대한 우월감,[4] 자아에 대한 집착적 사랑.[5] 자
아의식은 또한 정신적 접촉, 주의, 느낌, 개념화, 의지의 작용과 연합
되어 있다.

 7송

자아의식은 개인이 태어나고 집착하는 영역에 따라서 오염되거나
오염되지 않는 범주에 속한다.[6] 자아의식은 자아에 대한 그릇된 믿
음과 탐진치 삼독을 제거한 성자[7]와 나와 현상에 집착하는 일체의
심상이 사라진 적정의 상태,[8] 세간을 초월한 도의 길[9]에서는 작용하
지 않는다.

치유에서 자아의식은 아주 중요하고 핵심적인 부분입니
다. 불교수행의 궁극적 목적이 이고득락離苦得樂, 즉 고통에서
벗어나서 행복을 얻는 것이라고 볼 때, 자아의식은 고통의

원인이기도 하고, 동시에 행복으로 가는 문이기도 하기 때문입니다.

자아의식은 저장식과 마찬가지로 무의식이고, 선과 불선이 아닌 중성의 특질을 지니고 있습니다. 그러나 저장식과는 달리 자아의식은 번뇌에 덮여 있고 다만 이것이 어떻게 작동할지 몰라서 선악을 결정할 수 없는 것입니다. 굉장히 중요한 부분입니다. 왜냐하면 자아의식은 번뇌와 연합되어 있기 때문에 오염되어 있어서 마음을 어지럽히고 깨달음을 방해합니다. 오염된 자아의식은 저장식을 자아로 취하고 그것에 집착합니다. 그런 의미에서 7식을 자아의식이라고 부르고자 합니다. 이제부터 자아의식이라고 하면 7식을 지칭한다는 사실을 기억하시기 바랍니다. 그런데 7식인 자아의식이 저장식을 자아로 취하고 집착하기 때문에 오염되어 있다고 해서 그 자아의식의 기능이 반드시 부정적으로 작용하는 것은 아닙니다. 자아의식이 발생하는 상황이나 조건을 고려하지 않고서는 판단할 수 없습니다. 수행을 해서 깨달음을 얻겠다는 의지를 내는 것도 자아의식이 있기 때문에 가능합니다. 번뇌에 오염되어 있긴 하지만 그 의도가 선하게 쓰일 수도 있습니다. 그래서 아직까지 선·악 판단은 안 되고 어느 영역에서 이루어지느냐에 따라서 달라진다는 말입니다. 이 부분은 뒤에 다시 설명하겠습니다.

부처의 가르침에서 사성제(고·집·멸·도)를 보면, 고통이

제 4 장 나는 누구인가?

있다는 것을 자각하고 알아차려야 합니다. 알아차리지 못하면 치유나 변화가 일어날 수 없기 때문입니다. 불교를 처음 접했을 때 《아함경》에 나오는 '삶은 고다'라는 말이 인상에 깊었는데, 어느 날 자아초월강의를 마치고 가는 길에 '어찌 삶이 고인가! 삶은 선물이다'라는 생각이 들었습니다. 지금 이 순간 살아 있고 아직도 좀 더 살아갈 날이 있다는 사실을 깨닫는 순간에 삶은 고가 아니라 선물이라고 느낀 것입니다. 그때부터 사성제를 설명하는 방식이 바뀌기 시작했습니다. 어떤 사람에게는 '삶이 고다'라고 하는 것이 굉장히 와 닿고 어떤 사람에게는 '삶은 선물이다'라고 하는 것이 더와 닿을 수 있다는 것입니다. 그러니까 '삶은 선물이다'라고이야기하면 '고'의 한가운데 있는 사람에게는 공감이 어려울것입니다. 물론 그 반대도 마찬가지입니다. 그래서 '고에 대한 자각, 알아차림'이 좋다고 생각했습니다.

사성제의 두 번째는 고에 대한 근본원인이 아집, 즉 자아에 대한 집착이라는 가르침입니다. 그러면 집착의 원형, 뿌리인 자아의식은 언제 출현할까요? 5송에서는 이것을 분명하게 이해할 필요가 있습니다. 우리는 누구나 고통으로부터자유롭고 싶고, 벗어나고 싶고, 치유되고 싶어 하는데, 그것은 바로 아집의 근원인 자아로부터 자유로워진다는 것입니다. 그런데 문제는 대체 그 자아가 언제 어떻게 출현하느냐하는 것입니다. 5송이 바로 그 실마리를 제공합니다.

5송에서 자아의식은 저장식을 대상으로 발생한다고 말합

니다. 경험이 저장되는 것을 보고 자아의식은 그것을 자기라고 생각한다는 것입니다. 다시 말해서 경험을 온전히 경험하는 것이 아니라 그 경험에 오너십ownership, 소유권을 투사한다는 뜻입니다. 뿐만 아니라 저장되는 용기조차도 사실은 나라고 주장할 수 없다는 것은 잘 알 것입니다.

《밀린다왕문경》에서 나가세나 존자가 말한 수레의 비유를 보면 무엇이 수레냐고 했을 때, '바퀴가 수레인가? 나무가 수레인가?' 하는 물음이 나옵니다. 여기서 수레라는 것은 그냥 조합에 불과합니다. 자동차를 비유하자면, 다들 자동차라고 말하지만 과연 자동차라고 할 것이 있을까요? 타이어나 핸들 등 갖가지 부품을 서로 짜 맞추고 덕지덕지 갖다 붙여서 자동차라고 이름 붙인 것에 불과합니다.

우리 몸도 이와 같이 남의 몸을 취해서 구성된 것을 나라고 생각하듯이, 우리의 정신적인 영역도 마찬가지여서 나라고 하는 것은 내 생각이 나이고 내 감정이 나이고 내 느낌을 나라고 하며 내가 아는 것을 나라고 하는데 그것이 어찌 나만의 것이겠습니까? 내가 느낄 때 대상 없이 느끼고, 내가 생각할 때 대상 없이 생각할 수 있을까요? 즉, 내가 안다고 할 때는 항상 무엇에 대해서 아는 것이고, 무엇에 대해서 느끼는 것이고, 무엇에 대해서 체험하는 것이어서 대상이 없이 생각하거나 느낄 수는 없습니다.

그럼에도 우리는 대상을 싹 빼 버리고 대상에 대해서 일어난 느낌, 감정, 생각, 기억 등을 나라고 생각합니다. 자아의식은 경험이 끊임없이 저장되는 것을 보고 그것이 나라고 생각한다는 것입니다. 우리가 오늘 먹은 음식은 그것이 내가 아닌데 내가 씹어서 삼키고 흡수하면 혈관에 들어가니 그것이 나라고 할 수 있습니까? 내 혈관에 들어갔으니 나라고 하지만 사실은 나가 아닌 것이지요. 마음도 마찬가지여서 이야기를 듣고 생각하는 것을 나라고 할 수 없습니다. 우리의 감각기관과 마음이 대상과 상호작용함으로써 발생하는 것을 우리는 나라고 합니다. 내가 체험하고 이해한 것을 우리 자신과 동일시합니다. 이론적으로는 내 몸이 나가 아니라고 하는 것을 알면서도 실제로는 나라고 생각합니다. 우리가 듣고 보고 느낀 지식이나 느낌과 생각도 나의 것이라고 자신과 동일시합니다. 그러니까 내 의견에 반대하면 분노하는 것입니다. 저장식에 저장된 것을 나라고 동일시하는 것이 자아의식이며 나라고 여기고 집착하는 것입니다.

불교에 '초발심시변정각'이라는 말이 있습니다. 초심일 때는 나라는 아만심이 나오지 않습니다. 초심일 때는 호기심과 관심을 가지고 주의를 기울일 뿐 거기에 나라는 것을 일으키지 않습니다. 미국에서 지냈을 때 식당을 하시는 신도분과 함께 공양을 한 일이 있었습니다. 우리는 단지 밥을 먹으러 식당에 간 것인데 그분은 양념은 무엇을 썼고, 어떻게 조리했고 등 음식을 분석하고 관찰하느라 공양을 제대로 하지 못했습니다. 그 신도분은 자신의 경험에 집착하고 있는 것입니다. 아예 경험이 없으면, 처음 경험하면 호기심을 가지고 맛보고, 즐기고, 좋은 경험이 되었을 텐데 말입니다. 몇 번 경험한 것이면 '아! 그거 나 안다'라는 생각 때문에 자기 경험에 비추어서 평가, 판단, 진단을 하게 됩니다. 있는 그대로 보고 경험하지 못하는 것입니다.

어떤 사람은 사람을 사귀면서 몇 번만 만나면 상대를 '안다'라는 무의식적 전제가 생겨나는데, 이럴 경우 순수한 호기심 대신 평가하고 판단하게 되면서 관심이 줄어들고 급기야 싫증을 내게 되어 새로운 사람을 찾게 되기도 합니다. 그런 사람은 늘 처음에만 새롭습니다. 조금만 경험하면 자아의식이 발생해서 상대를 향한 온전한 관심과 존중감을 쉽게 상실합니다. 아니면 반대로 집착을 해서 상대를 자기 사람, 자기 소유라고 착각하게 됩니다.

용수보살은 아집을 경험에 대한 집착이라고 했습니다. 바로 오온에 대한 집착이지요. 《반야심경》에 보면 "관자재보살이 오온이 공한 것을 비추어 보고 일체 고통에서 벗어났다."라는 말이 나옵니다. 《금강경》에 보면 "어떻게 보살이 아뇩다라삼먁삼보리를 성취할 수 있겠느냐?"라는 질문에 처음부터 끝까지 자아의식의 발동으로 '집착하지 말라'고 합니다. 또 집착하지 않고 마음을 일으키라고 합니다. 이는 경험하지 말고 무감각하게 있으라는 것이 아니라 경험하되 경험 그 자체를 하라는 것입니다. 경험에 집착해서 소유권을 발동하지 말라는 것입니다. 이를테면 사랑하면 처음에는 가슴이 떨리고 신중하고 새롭고… 그러다가 갑자기 사랑하는 경험에 애착이 생겨서 소유권을 투사하게 됩니다. 사랑하니까 그냥 그 상대에게서 사랑의 경험을 체험하면 되는데, 경험이 좋으니까 갑자기 '내 것이다'라는 소유욕이 생겨납니다. 내 남자 내 여자라고 하는 순간 사랑의 신선함은 사라지고 서로 구속이 생기면서 사랑의 경험이 흩어지고 맙니다. 우리는 경험을 늘 신선하게 할 수 있는데, 좋아하는 것에서 끝나지 않는다는 것이 문제입니다. 꽃을 보고 좋으면 꺾어 버리는 사람이 있는데 그러면 꽃은 금방 시들어 버립니다. 꽃을 보고 그 자체로 즐기고, 때가 되면 지는 꽃은 또 그 자체로 즐기면 되는데 그게 안 되는 것입니다. 우리는 무엇이든 경험하고 좋으면 내 것으로 착각하고, 거기에서 문제가 생기고 고통이 생겨납니다.

우리에게 발생하는 문제의 근원이 자아의식입니다. 그냥 경험되는 것 자체를 경험하기만 하면 되는데 그것을 자기 경험이라고 여기고 집착한다는 것입니다. 즉, 내가 본 것을 내 것이라 생각하고 내가 들은 것을 내 것이라 생각하고 내가 사랑했으면 내 사랑이라고 한다는 것입니다. 심한 경우 자신과 오늘 즐거운 시간을 보낸 친구가 그다음 날은 다른 친구와 시간을 보낼 수도 있는데, 그것을 보고 배신감이나 질투심을 느끼고 분노를 느끼기도 합니다. 경험에 소유권을 발동하는 것을 불교적으로는 경험에 집착한다고 하고, 심리학 용어로는 투사라고 합니다.

내가 가지고 있는 생각, 느낌, 기억도 순수한 내 것이 아니라는 점을 인식해야 합니다. 무엇이든 항상 관계 속에서 일어나는 작용입니다. 본질적으로 나의 것은 아니기 때문에 결국은 내가 가두거나 집착하면, 관계는 퇴색하고 힘들어져서 갈등과 단절이 오게 됩니다. 연기적 관계가 자연 현상이고 진리인데 공유하지 않고 독점하려고 하니까 문제가 발생하는 것입니다.

김소월의 시에 보면, 자기를 버리고 떠나는 님에게 꽃을 뿌리고 가시라 하고 또 사랑하기 때문에 보내 주면 오히려 안 떠나게 된다고 하기도 합니다. 상대방이 숨이 안 막히기 때문입니다. 내가 경험하거나 내가 인연하고 관계한 것에 대해서 언제나 여지, 공간을 만들어 두는 것이 대단히 중요합니다. 항상 숨 쉴 수 있는 공간이 있어야지 내가 움켜쥐려고 하거나 내 것이라고 소유권을 발동하면 반드시 엄청난 심리적 대가를 지불하게 됩니다. 그런데 사랑에 빠지면 '넌 내 거야'라고 말하고 듣는 것을 좋아합니다. 그러나 그것이 얼마나 오래 지속될 것이며 그 뒤에 오는 역풍은 어떻게 다 감당하겠습니까? 내 것이라고 말하고 싶고 그렇게 하더라도 스스로 착각인 줄 알고 일시적인 줄 알면 괜찮습니다. 그런데 그것이 진실인 줄 알고 영원한 줄 알면 심각한 일입니다. 사실은 알고 있었어도 막상 현실로 나타나면 대단히 괴롭고 고통스럽기 때문입니다.

관념도 그렇습니다. 정치 이야기를 하다가 가족끼리도 의견 충돌로 싸우게 됩니다. 의논하고 토론하다가 사상, 생각

등에 소유권을 투사하기 때문입니다. 자기 생각에 반대하면 마치 자기가 거부당한 것처럼 엄청나게 미워하고 화내는 사람이 있습니다. 서로 다른 것에 끌리기도 하지만, 반대로 상당한 경계심을 발동하기도 합니다. 진실로 몰입해서 온전하게 경험하면 그곳에 너, 나가 없이 경험만 남게 됩니다. 주객이 없는 놀이처럼, 놀이 속에 빠지듯이 경험되는 겁니다. 어린 시절 아주 신나게 놀았을 때를 떠올리면 내가 누구와 논다는 의식 없이 그냥 놀이만 있었다는 것을 알 것입니다. 그것을 《능가경》에서 "행위는 있으되 행위자는 없다"고 표현합니다. 그런데 소유권이 투사되고 자아의식이 발동하는 순간, 즐거운 놀이의 경험은 더 이상 경험으로 있지 않게 됩니다.

우리는 왜 괴로운가?

자아의식이라는 것이 도대체 어떻게 작동할까요? 바로 번뇌, 즉 아만, 아애, 아견, 아치로 작동합니다. '아만'이란 비교하는 것으로 우월감, 열등감이 전형적입니다. 우리는 '나 잘났다'고 하는 우월감만 아만이라고 생각하는데 '나 못났다'고 하는 것도 아만입니다. '못났다'는 말속에는 '잘났다'고 하는 무의식적인 전제가 깔려 있습니다. 또 누군가가 몹시 잘났다고 해도 그 밑바탕에 가면 '못났다'는 무의식적인 열등감이 자리하고 있습니다. 그러니까 '잘났다'는 우월감의 그림자는 '못났다'는 열등감이고, '못났다'는 열등감의 그림자는 '잘났다'는 우월감입니다. 단지 상대적으로 드러나는 것뿐입니다.

자본주의 시대이니 물질을 예로 들어 보겠습니다.

동창회에 간 사람이 있다고 칩시다. 그 사람의 차는 중형차입니다. 동창 한 명이 소형차를 타고 온 것을 보고 약간 우쭐해하고 있는데, 뒤이어 다른 동창이 고급 세단에서 내리는 것을 봅니다. 그 순간 우쭐해하던 맘이 사라지고 자기 차를 초라하다고 느낍니다. 그런 상대적 심리 상태를 우리는 다양한 형태로 경험합니다. 진짜로 잘나거나 못났다면 상대적으로 변하지 않습니다. 잘나고 못난 것에 대한 근거가 없기 때문입니다. 상대적으로 비교해서 발생하는 것뿐입니다. 그러니까 비교해서 일어나는 열등감, 우월감은 다 아만입니다. 나의 자아의식이 언제 발동하나 보려면 비교하는 마음을 보면 됩니다. 그것은 2차, 3차로 일어납니다. 비교해서 부러워하고 질투하고, 심해지면 이간질까지 합니다. 그 밑바탕에 들어가 보면 내가 더 인정받고 싶은 것, 상대가 인정받는 것이 싫은 것 등 여러 가지 이유가 있습니다. 2차 3차… 5차… 10차… 무수한 번뇌와 망상을 유발합니다. 그럴 때 바로 거기에 자아의식이 강하게 작동합니다.

두 번째는 '아애'입니다. 자기에 대한 사랑은 당연한 것입니다. 하지만 문제는 자기중심적 사랑이기 때문에 문제가 됩니다. 자기중심적이어서 다른 존재는 없는 것입니다. 자기에 대한 사랑과 더불어서 상대도 배려하고, 상대의 존재도 인식하고 존중하는 사랑은 정말 좋은 것이지만 내 중심의 사랑은 상대 존재가 그 자리에 없기 때문에 문제가 됩니다.

이것은 어떻게 구분할까요? 물론 차이가 있습니다. 자기중심적 사랑은 나에 대한 인정, 나에 대한 사랑이 오지 않으면 화가 나거나 공격적이 되고 불선심소가 일어납니다. 미워지거나 불건강한 마음이 일어나는 것입니다. 자기중심적이기 때문입니다. 그럴 때 자아의식이 강하게 작용하고 있다는 사실을 알아차려야 합니다. 알아차리기만 해도 문제는 사라집니다.

세 번째는 '아견'입니다. 나에 대한 견해, 자기에 대한 수많은 견해가 있는 것입니다. 사실 무의식적인 전제가 아주 많습니다. 부부간의 외도 문제로 상담을 해 보면 대부분 자기가 정말로 사랑했는데 상대가 나를 배신해서 사랑에 상처를 받은 경우가 아닙니다. 알고 보면 자아의식이 상처를 받은 것입니다. 상담 중 대화를 하다 보면 그 무의식의 밑바탕에는 '제가 뭔데', '내가 자기한테 어떻게 했는데', '제까짓 게 감히' 등과 같은 감정과 생각이 무의식에 깔려 있습니다. 그때는 아만, 아애도 일부 있을 수 있으나 핵심적인 것은 나에 대한 견해, 아견입니다.

네 번째 '아치', 나에 대한 무지입니다. 자기에 대해서 잘 아는 것 같지만, 가장 큰 무지와 착각은 내가 죽지 않는다고 생각하는 것입니다. '그럴 리가 있나, 날마다 죽는 걸 보는데…'라고 하는 분이 많을 것입니다. 하지만 겉으로는 아는 것 같지만 살짝만 무의식으로 들어가면 바로 자아의식 때문에 영원히 사는 것처럼 생각합니다. 만약 우리가 진실로 나라는 존재가 오온의 생멸, 색수상행식의 영속적 흐름이라고 생각한다면 세상이 달라질 것입니다. 죽다 살아난 사람이 한순간 다른 사람처럼 행동하다가, 조금만 건강해지면 언제 그랬냐는듯 다시 예전 성격으로 되돌아가는 것만 봐도 아치는 뿌리 깊은 무지입니다.

우리는 보통 너무 화가 치밀거나 고통스러우면 그냥 피해 버립니다. 빨리 주의를 이동해 버리는데 그러지 않으면 폭발할 것 같기 때문입니다. 물론 견딜 수 없으면 피하는 것이 현명합니다. 그러나 그러한 감정을 직면할 수 있다면 더 좋습니다. 직면해서 보다 보면 거꾸러질 수도 있지만, 만약 견디고자 하는 의지가 있고 이겨 낼 수 있다는 믿음이 있다면, 끝내는 자아의식을 보게 됩니다. 자아의식이 무의식이기는 하지만 감정의 밑바닥에는 자아의식이 버티고 있기 때문입니다. 그 자아의식을 보게 되면, 그 순간 자신의 감정들이 마치 연기하는 것처럼 느껴지게 됩니다. 그렇게 하나하나 보아 가다 보면 점점 거친 의식들이 사그라지면서 부드러워지고 덜 막히면서 소통하게 됩니다. 자기 안의 매듭, 걸림돌을 하나씩 풀어집니다. 번뇌로 인한 감정이 일어날 때, 그 순간의 감정을 끝까지 직면하면서 놓치지 않고 보게 된다면 말입니다.

도를 닦아서 열반, 대자유를 얻게 되는 심리 상태는 바로 이 자아의식이 작동하지 않는 상태입니다. 가끔 자아의식을 다루려고 엄청나게 노력하는 사람이 있습니다. 그런데 수행이나 일상의 경험에서 애쓴 결과로 좋은 느낌, 환희심이 일어나면 그것에서 끝나지 않습니다. 바로 다른 사람과 비교하게 되는 아만심이 작동합니다. 우리는 순수하게 경험을 경험으로만 경험하지 않습니다. 그러니까 무조건 애써서 닦는다고 자아의식이 소멸되지 않습니다. 죽어라고 1000배, 3000배를 하다 보면 갑자기 절을 하지 않는 사람은 수행을 하지 않는 것으로 보입니다. 주력, 예불도 마찬가지입니다. 경험에 대한 집착입니다.

유식은 그렇게 하지 말라는 것입니다. 경험하되 경험 다음에 일어나는, 경험에 대한 반응을 알아차리라는 겁니다. 다시 말해서 즐거움을 주는 경험은 붙잡으려고 하고, 즐겁지 않은 경험은 회피하려는 습관적인 반응을 자각하는 것입니다. 그걸 알아차릴 수만 있으면 마음의 심층을 볼 수 있습니다. 자각이 없이 경험을 하면 할수록 무지를 증장하는 결과를 낳을 수도 있습니다. 자아의식을 알아차린다면 현재 무지를 쌓지도 않을뿐더러 과거의 무지도 녹일 수 있는 기회를 얻게 됩니다. 그런데 만일 자아의식을 알아차리지 않은 상태에서는 노력할수록 수행도 깊어지지만 아만도 강해집니다. 무의식중에 '내가 수행한다', '내가 노력한다'라는 생각을 갖게 되기 때문입니다. 궁극적인 목적은 무아인데 자각이 없는 노력은 자아의식을 크게 강화합니다. 그러나 그런 노력을 부정하는 것은 아닙니다. 자아의식이 강하게 작동하다가도 어느 한순간 돌리면 더 큰 자각으로 돌아옵니다. 알아차리기만 하면 됩니다.

그건 내가 아니야

감정이 일어났을 때 그 감정을 보는 것, 즉 감정과 자아를 분리하는 탈동일시 작업은 말처럼 쉽지 않습니다. 화가 났을 때를 살펴보면 나와 화가 하나가 됩니다. 그런데 화는 내가 아닙니다. 화에 휩쓸리고 화에 끌려다니는 것은 내가 화가 되기 때문입니다. 내가 화가 아닌 것을 알면 화를 보게 되는 것입니다. 그러면 그 화가 계속 지속되지 않고 약해집니다. 화를 나와 분리해서 화나는 감정이 내가 아니라는 것을 알아야 합니다. 내가 화가 되는 순간에 걷잡을 수 없이 통제가 되지 않고 화를 내게 됩니다.

화가 났을 때, 잘 생각해 보면 현재 시점에서는 화를 낼 수 없습니다. 화를 자세히 보면 그 이면에 과거를 강하게 관측하면서 생긴 해석이 들어 있고 생각이 들어 있기 때문에 화가 나는 것입니다. 화가 난 상태는 내가 화와 하나가 되었다는 뜻입니다. 그리고 일단 화가 나면, 이번에는 화의 감정이 다시 화를 불러일으킵니다. 이럴 때는 화를 멈추고 화내지 말아야겠다고 노력하면 할수록 더 화가 치밀어 오르기도 합니다. 그래서 나중에는 저 인간이 나를 화나게 만든다면서 더 화내고 미워하게 됩니다. 감정이 걷잡을 수 없이 폭발한 경우에는 화와 '나'를 분리하는 것이 불가능합니다.

그렇다면 이미 화에 휩쓸려서 화의 감정과 '나'가 하나가 되었을 때는 어떻게 해야 할까요? 그때는 호흡으로 돌아가야 합니다. 호흡으로 주의를 이동하는 것입니다. 화두에 의지하거나 호흡에 의지하는 것이 효과적입니다. 이미 화가 치밀어 올랐는데, 그때에 화를 객관적으로 보려고 하면 나를 화나게 했다고 생각하는 그 대상에 대한 미움이 증폭되어서 걷잡을 수 없게 되니 몸으로 돌아가는 것이 좋습니다. 감정이 일어났을 때 감정에 완전하게 휩쓸리지 않고 몸으로 돌아가서, 감정과 하나가 되지 않고 몸에 주의를 기울이는 순간 화를 내는 감정 대신에 심장이 쿵쾅거리거나 피부가 조이거나 맥박이 뛰는 몸을 보게 됩니다.

감정을 직접적으로 억압하거나 조절하려고 하면, 백발백

중 치유가 안 됩니다. 그러므로 반드시 몸으로 의식이 돌아온 다음에 몸이 긴장하거나 수축하거나 빨리 뛰거나 하는 몸의 반응을 보고서 그 속에서 일어나는 감정이나 생각을 보면 이를 다루기가 훨씬 더 용이합니다.

또 다른 방식은 화가 일어나는 순간에 화와 하나가 되거나 휩쓸리지 말고 '화가 일어나는구나' 하고 소리 내어 말하면 그 화를 나와 분리해 보게 됩니다. 예를 들어 자식이 자기 뜻대로 하지 않으면 막 화가 나는데 그것은 자식과 자기를 동일시했기 때문입니다. 부모는 '아, 자식은 내가 아니지' 하고 자각하는 순간 많이 달라집니다.

평소 상사에게 스트레스를 받을 때 그 대상이나 나를 보지 말고 일어나는 감정을 봐야 합니다. 그것이 얼마나 휘황찬란한지 를 보면 굉장히 재미있는 사실을 알게 됩니다. 상사를 분리하고 나도 분리해서 감정을 보면 그것이 실체가 없음을 알 수 있습니다. 말에 집착하면 그 말에 휩쓸리고 결국 그 말이 내가 되어서 온갖 복잡한 감정이 일어납니다. 소리와 말을 상대와 나에게서 분리하는 것을 '탈동일시' 혹은 '객관화'라고 합니다. 나에게 일어나는 경험은 매우 주관적인 경험입니다. 관계성이 일어날 때 나와 접촉시키지 말고 나와 떼어 놓으면 도움이 됩니다.

보통 선禪에서는 지금 여기에 온전히 살아 있는 것이라고 합니다. 우리의 몸은 지금 여기에 있지만, 마음은 자주 과거나 미래를 들락거립니다. 완전하게 100퍼센트 과거에 가 있는 사람은 전혀 현재에 있지 않으니까 망상증 환자인 것이고, 완전하게 미래에 가 있다면 환상 속에 있는 삶으로 현재에 살아 있는 삶이 아닐 것입니다. 엄밀한 의미에서 선에서는 지금 여기에 있지 않는 상태가 바로 중독된 상태라고 합니다. 우리는 술을 많이 마시거나 약물을 많이 하는 것을 중독으로 알고 있지만, 사실 가장 위험한 중독이 바로 감정의 중독입니다. 감정에 중독되면 있는 그대로의 경험, 맑고 신선한 체험이 불가능합니다. 우리는 평소 많은 시간을 과거의 경험이나 기억, 미래에 취해 있기 때문에 지금 현재 이 순간에 일어나는 것에 온전한 주의를 기울이지 못합니다.

사람들이 평소 얼마나 깨어 있는 삶을 살고 있는지 진단하는 간단한 방법이 있습니다. 상대가 하는 말을 가만히 살펴보세요. 표현 형태가 과거 시점이 많으면 그만큼 과거를 살고 있는 것입니다. 예를 들어 상대가 "과거에는 이러저러했었는데 지금은 이렇다"라는 형태로 말한다면 그건 초점이 현재에 있습니다. 그런데 이야기의 내용이 처음부터 끝까지 과거형이면, 듣는 이는 지루할 수밖에 없습니다. 현재에 있는 것이 아니기 때문에 생생하거나 신선하지 않고 살아 있지 않습니다. 현재 경험이나 느낌이 아니라 과거 기억이기 때문입니다. 기억은 보태고 해석되고 왜곡되어서 신선하지 않습니다. 그렇다고 과거나 미래에 전혀 가지 않고 몽땅 현재 여기에 초점을 맞추고 있어도 이상합니다. 왜일까요? 우리는 분명히 과거 경험에 기초해서 현재를 살아가고 미래에 비전을 갖는 것인데, 과거도 상관없고 미래도 상관없는 지금 여기에만 있는 상황은 때로는 무책임하고 유아스러울 수 있기 때문입니다.

　대개 정상적인 심리 상태에서 우리는 두 개의 의식작용을 경험합니다. 하나는 경험하고 있는 '나'이고 다른 하나는 경험하고 있는 나를 지켜보는 또 다른 '나'입니다. 수행을 하거나 심리치료 공부를 한다는 것은 경험하고 있는 나를 지켜보는 또 다른 '나', 즉 알아차리고 자각하는 능력을 배양하는 것입니다. 경험하는 나를 지켜보는, 관찰하는 또 다른 나가 있을 때 감정을 볼 수 있습니다. 마음을 훈련할 때, 바로 경험하는 나를 지켜보는 또 다른 '나'가 잘 보이지 않거나 약한 사람은 돕는 일이 상당히 힘이 듭니다. 때로는 별 묘약이 없을 만큼 답답할 때도 있습니다.

　자식이 자기 뜻대로 안 된다고 속을 끓이는 부모를 가만히 보면 대부분 자신의 행위나 감정을 바라보고 알아차리는 또 다른 '나'가 거의 보이지 않습니다. 그러니 자식과 자신을 동일시하는 것은 어떻게 보면 너무나 당연합니다. 자각의 힘이 없기 때문입니다. 그런 경우에 자식이 내가 아니라 하나의 독립된 인격체라는 사실을 보도록 돕는 일은 여간 힘겨운 일이 아닙니다. 그런 부모는 자식을 있는 그대로 바라볼 줄 모릅니다. 그렇다고 자신의 뜻과 가치에 맞지 않는 자식을 객관적으로 바라보게 하기란 쉽지 않습니다. 계속 속을 끓이면서 호소할 누군가를 찾는다고 해결이 되지 않습니다. 이런 부모가 할 수 있는 일차적인 방법은 먼저 자신의 행동을 바라보는 또 다른 '나'를 배양하는 것입니다.

다시 말해서 자신의 내면상태에 대한 자각 없이 주의가 일방적으로 자녀에게 집중될 경우, 부모 자신은 물론이고 자녀 또한 큰 부담을 갖게 되어 문제를 일으킵니다.

나는 누구인가?

서양심리치료에서 불교명상을 받아들이던 초기에 치료자와 관련 영역의 전문가 사이에서 뜨거운 쟁점이 되었던 개념 가운데 하나가 무아noself, 공emptiness에 대한 가르침입니다.

정신분석에서 자아를 보는 관점은, 마음이 병들고 사회에 적응하기 힘든 것은 기본적으로 자아의식이 약해서라고 봅니다. 즉 우리 안에는 누구나 욕구 충족과 쾌락원리를 따르는 어린아이 같은 측면이 있고, 합리적이고 이성적이며 현실원리를 따르는 성인 같은 측면, 그리고 도덕원리를 추구하는 부모나 스승 같은 측면이 있습니다. 그런데 이러한 기능이 상황에 맞게 조화롭게 기능한다면 문제가 없겠지만, 우리는 자주 욕망과 쾌락을 추구하는 어린아이 같은 속성과

도덕과 양심을 따르고자 하는 부모 같은 기능이 서로 팽팽하게 갈등을 겪습니다. 그러다가 어느 한쪽이 우세해지면 지나치게 욕망에 휘둘리거나 아니면 반대로 엄격한 원리원칙만을 강조하는 성격 유형을 드러내면서 대인관계와 사회생활에서 어려움을 겪을 수도 있습니다.

한편 긍정적인 측면에서 보자면 어린아이의 속성은 유치하지만 창의적이고 유연한 사고가 가능하고, 부모의 속성은 책임감이 있고 도덕적입니다. 이 둘의 속성이 갈등하고 대치하는 대신 서로 잘 조화를 이루기 위해서는 상황 판단과 합리적 기능이 가능한 자아의식의 중재가 필요하고, 자아의식이 일정 수준의 힘이 있어야 합니다. 그렇지 못할 경우에는 내면의 갈등이 시작되고, 그것은 곧바로 사회적 적응과 인간관계를 방해하게 됩니다. 그래서 전통 정신분석치료에서는 약한 자아를 강한 자아로 바꾸어 주는 치료를 합니다.

그와 같은 정신치료 전통에 무아와 공에 대한 깨달음을 강조하는 명상 전통(특히 선수행)이 들어오면서부터 그들 사이에서 논란이 있었습니다. 한 예로 우울증과 같은 증상에는 명상수행이 효과가 없으며 오히려 와해된다는 결과를 내놓은 논문도 있습니다. 약한 자아를 강한 자아로 만들어 주어야 하는데 명상수행을 통해 그나마 남은 자아가 와해됨으로써 병이 더 심각해지는 부작용이 생긴다는 것입니다. 당시 하버드대학교 의과대학 출신인 잭 앵글러Jack Engler의 표현이 그러한 분위기의 절정을 잘 대변합니다. 즉 그는 〈무아가 되기 전에 먼저 유아가 되어야 한다(You have to be somebody before nobody)〉'라는 논문을 써서 많은 주목을 받았습니다. 이치상으로는 상당히 그럴듯해 보입니다. 그런데 그의 논문에 대해서 마크 앱스타인Mark Epstine이 반박했습니다. "그것은 무아에 대한 개념을 잘못 이해한 것이다. 무아는 애당초 무엇이 있었다가 없거나 없었다가 있거나… 하는 그런 개념이 아니다."라는 내용의 논문을 발표했습니다. 서로 주거니 받거니 하다가 마크 앱스타인의 이론이 승리하는 것으로 논쟁이 일단락됩니다.

그런 가운데 다른 한편에서는 존 카밧진Jon Kabat-Zinn의 알아차림Mindfulness 수행을 근거로 하는 스트레스 감소법MBSR이 알려지면서 불교 명상수행의 대표적 기법으로 자리를 굳히기 시작합니다. 그 이전에는 초월명상, 선수행, 호흡명상과 집중명상 등 다양한 전통에서 갖가지 방식이 시도되었다면 점점 알아차림 명상이 이른바 명상의 대세로 떠오르고 있습니다.

한편 뇌과학과 불교명상이 만나면서 불교의 마음수행이 뇌구조에 미치는 영향을 뇌사진 촬영fMRI(기능적자기공명영상)으로 입증하기 시작했습니다. 즉 명상수행이 심리적인 병이나 증상을 치료하는 데 도움이 된다는 증거를 fMRI 촬영기법을 통해 입증하고, 명상수행이 뇌의 전두엽의 두께와 건강, 선심소와 관련된 뇌의 영역을 활성화하는 데 도움이 된다는 많은 이론이 2003~2005년 즈음에 집중적으로 쏟아집니다. 그러면서 명상수행이 심리치료, 우울증 등 특정 대상에 효과가 있다, 없다는 논란은 사라지게 되었습니다. 이는 전통적인 뇌과학 영역에서 확고하게 믿어 왔던, 즉 마음은 뇌의 작용에 불과하다는 믿음과 또 뇌세포는 일단 형성되고 나면 영원히 바뀌지 않는다는 관념을 완전히 뒤집는 아주 혁명적인 발견입니다. 뇌가 변화한다는 뇌의 가소성, 그리고 마음이 뇌를 바꿀 수 있다는 사실을 불교의 명상수행과 뇌과학의 만남이 입증하면서 그야말로 명상은 세계적인 주목을 받게 됩니다. 이제 명상수행은 단순히 특정한 심리적 증상을 치유하는 데 효과가 있다는 정도에 머물지 않고, 사회, 정치, 경제, 교육, 군사 시스템은 물론 환경과 자연, 지구, 우주로 그 치유의 범위가 확장되고 있습니다.

다시 무아의 가르침으로 돌아가 봅시다.

불교에서 자아의식에 대한 이해와 통찰은 고통의 발생과 치유의 열쇠입니다. 치유적 의미에서 무아는 자아의식이 작동하지 않는 것입니다. 즉 무아는 자아가 있다거나 없다는 의미라기보다는 네 가지 번뇌(아만, 아애, 아견, 아치)가 작용하지 않는다는 의미입니다. 이들 네 가지 번뇌는 고통을 유발하는 근본 요소이기 때문에 고통에서 자유로워지기 위해서는 자아의식을 작동해서는 안 됩니다. 그런 의미에서 서양의 정신치료에서 말하는 자아의식과 유식심리치료에서 말하는 자아의식은 그 개념에서 약간의 차이가 있습니다. 특히 불교심리학에서 치료자나 마음수행을 지도하는 스승의 중요한 덕목으로 무아를 강조합니다. 치료자의 번뇌가 작용하면 그만큼 내담자의 문제를 있는 그대로 바라볼 수 없기 때문입니다.

괴로움의 두 가지 원인

'소지장'은 현대 심리 용어로 인지·지각·사고적 장애, '번뇌장'은 정서적 장애로 볼 수 있습니다. 정서 장애는 감정 장애로서 주로 화의 조절이 어렵고 불안한 상태입니다. 이른바 아집, 자아에 대한 집착이 강할수록 감정이 불쑥 튀어나오게 됩니다. 자만이나 자존심을 건드리면 감정이 확 올라와서 공격성을 드러내게 됩니다. 뜻대로 안 되면 짜증이나고, 좌절이 심하면 우울증에 걸리기도 합니다. 이렇듯 자신에게 속박받는 것을 우리는 아집이라고 표현하는데, 이 아집이 해결되면 그 상태가 바로 열반이나 다름없습니다.

번뇌장이 아집, 자아에 대한 집착이라면, 소지장은 법집(일체의 사물이 각기 고유한 본체와 성격을 가지고 있다는 생각에서 일어나는 집착-편집자주), 대상에 대한 집착입니다. 이는 대상과의 관계에 대한 장애로서 있는 그대로 보지 못하는 것입니다. 여기에서 의미하는 대상은 물론 정신적인 것과 물질적인 것 모두를 의미합니다. 알음알이도 소지장에 해당합니다. 번뇌의 장애를 치유하기 위해서는 아공, 즉 '나'를 비워야 하고, 소지의 장애를 치유하기 위해서는 법공, '너'를 비워야 합니다.

그러면 여기서 비운다는 것은 무엇을 의미할까요? 그건 '나'와 '너'가 소통하고 하나가 된다는 뜻입니다. 그래서 뒤에 《유식 30송》의 〈수행 편〉에 가면 나와 너가 하나가 되는 주객일여를 강조합니다. 이들 번뇌장과 소지장을 일으키는 밑바탕의 에너지는 탐욕과 화, 어리석음이라고 하는 세 가지 독성입니다.

서산 대사의 《선가귀감》에 나오는 구절입니다.

> 마음이 정定에 들면 세간에 일어났다 사라졌다 하는 모든 일을 밝게 알 수 있다.
> 어떤 현실을 당해서도 마음이 흔들리지 않는 것을 나지 않음이라 하고 나지 않는 것을 생각 없음이라 하며 생각이 없는 것을 해탈이라 한다.
> 도를 닦아 열반을 얻는다면 이것은 진리가 아니다.
> 마음이 본래 고요한 것임을 알아야 이것이 참열반이다.
> 그러므로 모든 것은 본래부터 늘 그대로 열반이다라고 하신 것이다.

여기에서 다음 구절을 좀 더 유의 깊게 살펴보겠습니다.

마음이 정에 들면 세간에 일어났다 사라졌다 하는 모든 일을 밝게 알 수 있다.

주해에 따르면, 햇살이 비치는 문틈으로 빛이 들어오면 먼지가 춤추듯 하는 것을 볼 수 있듯이 평소에는 전혀 보이지 않다가 보이는 것입니다. 평소에 그림자는 잘 보이지 않습니다. 반응을 의식 없이 하기 때문입니다. 아니면 아예 반응이 일어나지 않도록 화두를 들거나 집중할 수도 있는데 아예 처음부터 있는 현상 그 자체에서 일어나는 그 상태를 직면하고 바라보는 쪽으로 선택을 하는 것입니다. 일단은 자신의 행위를 알아차리는 것이 중요하기 때문입니다. 알아차림을 하는 과정에서 자기 행위에 대해 비판하는 자신을 볼 수도 있습니다. 이때 비판하지 않으려고 하면 힘이 듭니다. 그런데 비판하지 않는 좋은 방법이 있습니다. 먼저 자신을 위로하는 것입니다. 자신이 하는 하찮은 일상의 실수나 망각, 단순한 일에 우리가 얼마나 스스로를 무시하고 비판하고 판단하는지 모릅니다. 만일 그런 자기를 잘 모르겠다면 평소에 자신이 다른 사람을 얼마나 비판하고 판단하는지를 보면 됩니다. 남을 비판하고 무시하는 사람은 반드시 자신도 비판하고 무시하기 때문입니다.

도를 닦아 열반을 얻는다면 이것은 진리가 아니다.
마음이 본래 고요한 것임을 알아야 이것이 참열반이다.

고요하다는 뜻은 판단, 진단, 평가, 분석하지 않는다는 뜻입니다. 파괴적인 생각, 정서가 발생하지 않는다는 것을 뜻합니다. 그런 것은 오해와 착각에서 일어납니다. 있는 그대로가 아닌 상태, 오해하지 않는 것이 어떻게 보면 그 자체로 깨달음의 상태일 수 있습니다. 서산 대사께서 마음이 정定(고요함)에 들었다는 것은, 유식심리학적 관점에서 보면 자아의식이 작동하지 않았다는 의미입니다. 즉 4번뇌(아만, 아애, 아견, 아치)가 작용하지 않는다는 것입니다. 또 다른 의미에서 본다면 사무량심(자애, 연민, 공감적 기쁨, 평정심)의 네 번째 마음인 평정심에 해당한다고 볼 수도 있습니다. 평정심은 감각적 즐거움이나 불쾌함, 얻음과 잃음 등의 양극의 상황으로부터 마음이 끌리거나 휩쓸리지 않는 것을 의미합니다.

어떤 현실을 당해서도 마음이 흔들리지 않는 것을 나지 않음이라 하고 나지 않는 것을 생각 없음이라 하며 생각이 없는 것을 해탈이라 한다.

나지 않음은 자아의식이 발생하지 않았다, 작동하지 않았다는 것입니다. 생각 없음은 무아의 상태, 자아의식이 투사를 하지 않으니까, 방어기제가 작동하지 않으니까 그 자체가 해탈이고 열반인 것입니다. 그야말로 번뇌에 의한 감정이나 생각이 일어나지 않고 평정하고 고요하다는 것이지요.

도를 닦아 열반을 얻는다면 이것은 진리가 아니다.
마음이 본래 고요한 것임을 알아야 이것이 참열반이다.
그러므로 모든 것은 본래부터 늘 그대로 열반이다라고 하신 것이다.

있는 그대로 보지 못하고 자아의식이 작동을 해서 번뇌 망상이 일어나는 것인데, 번뇌 망상을 멈추면 되지 이것을 진리, 열반, 해탈을 얻어야 한다고 생각하는 것 자체가 착각, 오해라는 것입니다. 경험 그 자체로, 있는 그대로 있게 되면, 즉 자아의식이 작동하지 않으면 됩니다.

나를 지키는 인간관계

초기경전에 보면 두 번째 화살은 맞지 말라는 가르침이 있습니다. 즉 감정, 고통이 일어났을 때 자아의식을 개입하여 반사적인 반응으로 대응하지 말라는 말입니다. 물론 이런저런 소리를 듣고 보고 있으려면 안에서 마음이 세차게 파도치겠지요. 이 생각, 저 생각, 이 기억, 저 기억, 이 감정, 저 감정으로 파도치는데, 그때 그 파도에 휩쓸려서는 안 된다는 것입니다. 그 감정 상태에 휩쓸려서 자신이 분노가 되고, 사랑이 되고, 질투나 화와 하나가 되면, 그 감정 상태에 상응하는 행위를 몸으로, 말로, 생각으로 짓게 됩니다.

자신의 감정 상태를 알아차리지 못하고 그 감정 상태에 휩쓸려 하나가 되는 것을 심리학 용어로 '동일시'라고 합니다. 그러나 화가 나는 것은 아닙니다. 진정한 나는 불성, 진여입니다. 감정의 파도에 휩쓸리니까 진짜 나는 완전히 가려지고 감정과 나를 구분하지 못하고, 내가 화가 되고, 질투가 되고, 분노가 되는 것입니다. 그래서 상대를 못살게 하든지 나를 못살게 하든지 어떤 형태로든 표출하게 됩니다.

자각, 알아차림 수행은 탈동일시, 탈중심화 작업과 같습니다. 경험하는 '나'를 지켜보는 또 다른 '나'를 배양하는 것입니다. 그렇게 해서 나와 정신적·물질적 대상과의 집착을 떨어뜨립니다. 분노, 질투, 화를 대상과 그것을 바라보는 나로 분리하는 것입니다. 역으로 내가 분노에 휩싸여서 흥분 상태에 있기도 하지만 상대가 그런 상태에 있을 때 우리는 어떻게 해야 할까요? 감정을 감정으로 대응해서는 안 됩니다. 감정에는 반드시 7식, 자아의식이 개입되어 있기 때문에 상대의 자아의식과 나의 자아의식이 맞붙는 것은 두 번째 화살을 서로에게 쏘는 격입니다. 한마디로 자아의식의 충돌입니다. 서로의 아만, 아애, 아견, 아치가 충돌하는 것이지요. 지혜, 인욕, 정진 등의 수행은 바로 이와 같은 순간에 필요한 것입니다. 잠깐 휩쓸렸다고 하더라도 얼른 알아차리고 내 몸이나 귀의처로 돌아와야 합니다. 상대를 향한 에너지를 바로 나의 내면으로 되돌려야 합니다. 그리고 자신의 파도와 상대의 파도를 지켜봐야 합니다. 그런 식으로 나의 번뇌를 철수하면, 상대의 번뇌는 혼자 타다가 꺼지게 됩니다. 자아의식이 가라앉게 되는데 계속해서 타게 할 연료가 사라졌기 때문입니다.

인간관계 속에서 남의 아집을 건드리지 말라는 말입니다. 돈, 권력, 그 무엇으로도 자아의식을 제압할 수는 없습니다. 설사 돈, 권력으로 상대의 자아의식을 굴복시킨 것 같아도 그것은 외형일 뿐입니다. 비굴함, 아첨 등 그 모양이 바뀔 뿐이지 없어지거나 굴복되진 않습니다. 상대의 자아의식을 건드리지 말라는 근본 이유는 자아의식은 높은 수행 경지에 도달해야만 없어지는 것이지 힘이나 권력을 가지고 강제로 없앨 수 있는 것이 아니기 때문입니다. 그런 식으로 하면 우리의 자아의식은 찌그러지고 변색되고 첨삭되고 여러 형태로 변형될 뿐입니다. 부부싸움도 마찬가지입니다. 결국은 자아의식 대 자아의식의 싸움입니다. 자아의식을 비우는 최선의 방법은 빨리 몸으로 돌아오는 것입니다.

자아의식의 특징은 존재감입니다. 격한 감정 상태에 있는 사람은 자신의 존재감이 사라지는 것을 견디지 못하며, 그것을 두려워합니다. 그래서 아집을 포기하지 못합니다. 그들은 그것이 진짜 자기라고 생각하고 집착하고 있기 때문입니다. 그들은 그와 같은 감정으로 자기 존재감을 드러내고 주장하느라 격한 감정 상태가 되었는데 그런 그들을 건드려서는 곤란합니다. 그러니 정면승부는 피해야 합니다. 다만 나의 자아의식을 철수하는 방식으로 그들이 자기 자아의식을 볼 수 있도록 비추어 주고 도와줄 수는 있습니다. 나의 자아의식을 즉각적으로 철수하는 방식이 재빨리 내 몸, 호흡, 단전으로 돌아오는 것입니다. 화두를 들거나 진언을 하는 것도 좋은 방법입니다. 그것도 안 되면 척추만 곧게 세우는 것도 좋은 방법입니다.

지금 당장 실험해 볼 수도 있습니다. 좌선 자세를 하고 척추를 곧게 세워 보십시오. 호흡을 자연스럽게 두세 번 한 다음 몹시 미워하는 사람을 떠올려서 열심히 미워해 보십시오. 잘 안 될 것입니다. 미워하는 감정이 일어나면 곧바로 자세가 구부러질 것입니다. 바른 자세를 유지하면서 동시에 미워하는 것은 쉽지 않습니다. 그래서 선수행의 원리를 설명한 책인《초심자의 마음Beginner's Mind》을 쓴 스즈키 다이세츠鈴木大拙는 올바른 좌선 상태 자체가 깨달음이고 열반의 상태라고까지 했습니다. 자세에 집착하라는 것이 아니고 올바른 좌선의 상태를 유지하는 것 자체가 알아차림과 자각을 돕기 때문입니다.

나의 자의식, 선 VS 악

전통적 관념은 대개 자아의식이 무조건 나쁜 것이고, 불건강한 것이라고 생각하는 경향이 있습니다. 그런 사람은 수행을 하면 무조건 '자아'를 쳐부수어야 한다고 생각하고, 아집을 꺾겠다고 하면서 자아를 학대할 수도 있습니다. 물론 자아의식이 번뇌, 즉 아만과 아애, 아견, 아치와 함께 작용할 때는 불건강합니다. 그러나 자아의식이 있기 때문에 우리는 무지나 고통에서 벗어나고자 하는 마음을 일으킬 수 있습니다. 자아의식이 없다면 수행하고자 하는 의지를 발생시키는 것 자체가 불가능해집니다. 주어진 업에 따라서 살고 있는 우리가 유일하게 성품과 인격, 정신수준을 변화시키고 성장시킬 수 있는 것은 자아의식이 있기 때문에 가능합니다.

만일 자아의식이 다음의 다섯 단계를 거쳐서 작용하면 불건강합니다.

- 촉觸, sensory contact: 감각기관과 감각대상의 접촉
- 작의作意, mental engagement: 감각대상을 마음에 취하는 요인
- 수受, feeling: 좋아하고 싫어하는 느낌과 좋지도 싫지도 않은 중성의 느낌 발생
- 상想, discrimination: 대상을 변별하는 작용
- 사思, intention: 마음이 대상으로 이동하는 의도나 주의

이 다섯 단계 과정은 특별한 의식이나 노력 없이 습관적 에너지에 의해서 자동으로 이루어지며, 탐진치(욕심, 성냄, 어리석음) 삼독에 의해 오염되어 있어서 고통을 유발하는 전형적인 중생의 인지·지각 과정입니다. 자아의식이 위의 다섯 가지 보편적 정신 과정의 단계를 거치면서 그 발생 과정에서 오감각식과 의식에 영향을 행사하여 현상을 있는 그대로 지각하지 못하고 왜곡하게 만듭니다.

그런데 우리가 마음수행을 하고, 깨달음을 얻으려는 의지가 발생하고, 그러한 깨달음을 통해서 타자를 돕고, 세상을

유익하게 하고자 하는 원력이 생겨나면, 그러한 욕구와 의지에 의해서 위의 다섯 가지 과정과는 다른 방식의 앎이 가능해집니다. 즉 탐진치 삼독에 오염된 왜곡된 변별이 아니라 깨달음의 의지를 따르는 올바른 이해, 결정, 변별력이 생겨납니다. 한마디로 관점의 변화가 일어나는 것이지요. 그렇게 되면 그것을 계속해서 잊지 않고 기억하며 알아차림을 하게 됩니다. 이렇듯 계속적인 알아차림을 통해서 심리적인 방어기제가 사라짐으로써 마음이 고요하고 평화로워집니다. 고요하고 조화로운 마음 상태, 즉 선정의 상태에서 지혜가 발생합니다. 《유식 30송》에서는 이것을 오별경심소(욕, 승해, 염, 정, 혜)라고 부릅니다. 물론 이와 같은 과정은 다음에 이어지는 제6식, 의식수준에서 드러나고 이루어집니다. 그러나 6식의 뿌리에는 자아의식이 자리 잡고 있으며, 6식에 미치는 자아의식의 영향력을 감안하면 비록 무의식적 과정이기는 하지만 자아의식의 긍정적 측면임에는 틀림없습니다.

　자각이 동반되지 않는 자아의식의 작용은 탐진치 삼독에 의해 오염되고, 번뇌의 작동으로 불건강한 심리 상태를 유발합니다. 쉽게 말해서 인간 마인드를 제외한 나머지 오도를 윤회하는 정신세계에 머물게 된다는 것입니다. 그 작용과정은 위에서 설명한 '촉－작의－수－상－사'의 다섯 단계를 거쳐서 무의식적인 습관, 반응적 행위로 이어집니다. 반대로 6식에서 자각이 일어나면, 자아의식의 작용이 삼독의 오염과 4번뇌의 작용에서 어느 정도 벗어나므로 건강한 심리 상태를 유발합니다. 그렇게 되면 우리의 마음은 인간 마인드에 머물게 되고, 인간 마인드의 특징인 삶의 의미나 가치추구를 하게 됩니다. 그러한 사유는 결국 자신의 존재 가치를 타자와 세상을 위해서 유익하게 쓰이기를 바라는 원력을 일으키도록 유도합니다. 따라서 앎의 과정에 '의지 – 관점의 전환(뛰어난 이해) – 알아차림 – 선정 – 지혜의 작용'이 개입합니다. 그리하여 더 이상 습관적이고 자동적인 무의식적 과정이 아니라 의식적인 경험이 일어나는 것입니다. 그러한 이유 때문에 유식치유에서는 보리심, 즉 깨닫고자 하는 열망이 대단히 중요합니다. 변화하고 성장하고자 하는 동기는 곧바로 지혜를 증장하는 중요한 출발점이 되기 때문입니다.

그러니, 신발이 잘 맞으면
발을 잊고
허리띠가 잘 맞으면
배를 잊으며,
마음이 올바르면
시비是非를 잊는다.

- 장자

제
5
장

마음을 튜닝하는 방법

8
—
14
송

●

단단한
마음공부

● ──────────── 감정은 알아차리는 것이 정상입니다. 감정이 일어나는 순간에 알아차리면 감정의 노예가 되지 않습니다. 왜냐하면 감정을 보고 있기 때문입니다. 감정을 알아차리고 보게 되면 감정이 저절로 조절됩니다. 마치 목이 마르다는 사실을 알아차리면 저절로 물을 찾고 마시게 되듯이, 불건강한 감정은 알아차리기만 하면 우리의 자동조절 장치가 작동되기 때문입니다. 뇌과학은 알아차림 훈련이 편도체라고 하는 뇌의 감정처리 시스템에 영향을 미침으로써 마음조절을 더욱 잘할 수 있도록 한다는 사실을 뇌사진(fMRI)을 통해서 입증했습니다. 우리는 당연히 우리 자신의 감정을 의식할 수 있어야 하지만 성장과정에서 발생하는 다양한 원인들로 인해서 감정을 알아차리지 못하고 억압하거나 부정하게 된 것뿐입니다. 감정을 알아차리지 못하면 감정에 휩쓸려서 파괴적인·공격적인·불건강한 행위들을 불러일으키게 됩니다.

8송

세 번째 차원의 앎의 변형은 여섯 종류로 구성되어 있다: 눈 · 귀 ·
코 · 혀 · 몸의 오감각식[1]과 의식[2]이다.

이들의 본질과 특징은 대상을 지각하고 표상하는 작용이다. 이들은
선하거나 악하거나 또는 선하지도 악하지도 않는 세 가지 특질을 지
닌다.

 9송

의식과 오감각식은 보편 · 특수 · 선 · 불선 · 중성적인 정신요인과 연
합되어 있다.

불선한 정신요인은 탐욕 · 분노 · 어리석음 · 아만 등의 근본 번뇌와
이에 수반하여 일어나는 게으름 · 불신 등의 이차적 번뇌가 있다. 이
들은 모두 쾌 · 불쾌 · 중성의 세 종류의 느낌과 연합되어 있다.

 10송

보편적인 정신요인[3]에 해당하는 것은 접촉 · 주의 · 느낌 · 개념화 ·
의지이고[4] 특수한 정신요인[5]은 욕구[6] · 승해[7] · 기억[8] · 집중[9] · 지혜
[10]이며, 이들은 인식 대상에 동일하게 작용하지는 않는다.[11]

 11송

선한 정신작용에는 믿음 · 양심 · 부끄러움과 탐욕 · 성냄 · 어리석
음이 없는 세 가지 선한 뿌리와 정진 · 가볍고 평온함 · 게으르지 않

음 · 평등심 · 해롭게 하지 않음이다.

 12송

근본번뇌의 정신작용은 탐욕 · 성냄 · 어리석음 · 거만 · 의심 · 악한 견해이다. 이차적인 번뇌는 분노 · 원한 · 위장 · 고뇌 · 질투 · 인색

 13송

속임 · 아첨 · 해로움 · 방자함 · 비양심 · 부끄러움이 없음 · 들뜸 · 무기력 · 불신 · 게으름

 14송

부주의 · 잘못된 기억 · 산란함 · 부정확한 지식이다. 뉘우침 · 수면 · 찾아 구하는 것[12]과 심사숙고하는[13] 네 가지 요소는 각각 오염되거나 오염되지 않는 두 종류가 가능하다.

이 부분은 앎의 세 번째 발달단계인 다섯 가지 감각식과 제6식의 특징을 설명하고 있습니다. 여섯 종류의 감각기관과 그들이 감지하는 대상에 따라서 여섯 종류의 다른 범주가 있습니다. 이들 여섯 종류의 앎은 물질 · 소리 · 냄새 · 맛 · 촉감 · 생각(비감각적 현상)에 대한 지식을 의미합니다. 이들은 대상의 본질을 지각하고 변별하는 작용을 합니다. 9송에서 14송까지에 여섯 종류의 앎과 연합된 51개의 정신요인을 여섯 종류로 분류해서 소개하고 있습니다. 즉 다섯 종류

의 보편적 정신요소와 다섯 종류의 특수한 정신요소, 열한 종류의 선한 요소, 여섯 종류의 근본적으로 오염된 요소, 스무 종류의 이차적으로 오염된 요소, 상황에 따라서 선하기도 하고 불선하기도 한 네 종류의 중성적 요소입니다.

여기서 우리가 기억해야 할 중요한 사실 가운데 하나는 이들 여섯 가지 식은 무의식이 아닌 의식의 영역이라는 사실입니다. 제8 저장식과 제7 자아의식은 무의식이어서 알아차리지 못하는 영역입니다. 알아차릴 수 있는 단계는 아라한과에 가야 합니다. 그런데 이들 6식은 중생의 수준에서 누구나 알아차리고 있어야 하는 현재식입니다. 잠을 자거나 기절한 때를 제외하고는 우리가 어떤 감정의 상태에 있는지 알아차릴 수 있어야 합니다. 그러나 실제로 우리는 일상생활에서 알아차리지 못할 때가 많습니다.

이를테면 질투하는 순간에 '너 질투하지?'라고 하면, 대부분 부정하거나 화를 버럭 냅니다. '내가 언제 질투했어?', '너 미워하지?'라고 하면 '내가 왜 미워해?'라고 하며 인정하지 못할 때가 많습니다. 내가 화가 난다든지, 누가 몹시 밉다든지, 질투를 한다든지 할 때 그런 감정을 알아차려야 하는데 자각하지 못한다는 사실은 대단히 심각한 것입니다. 왜냐하면 억압하거나 방어하는 것이기 때문입니다. 알고 싶지 않고 인정하고 싶지 않기 때문입니다. 인정하지 않을수록 감정 상태에 대한 자각이 안 된다는 것입니다. 그러므로 유식

수행의 출발점은 감정 상태를 알아차리는 일입니다.

누군가 수행을 철저히 했는데 감정조절이 안 된다면, 그것은 모순입니다. 특히 파괴적인 감정이 조절이 안 된다면 그것은 참으로 심각한 일입니다. 왜냐하면 그만큼 불건강한 업을 만들기 때문입니다. 그렇다고 감정을 억압한다면 그건 자신을 해치는 것입니다. 병이 되니까요. 감정은 어떤 바이러스보다도 빠르게 전염됩니다. '아니야 괜찮아!'라고 부정한다고 해도 자신의 불편한 감정은 주변에 그대로 전달됩니다. 감정을 알아차리지 못하는 것은 무지에 속하기도 하지만, 심리적으로 병든 상태, 중독된 상태라고 보면 됩니다. 대인관계에서 감정을 다루지 못하고 알아차림이 안 된다면, 행동장애·인격장애·성격장애인이 되는 것입니다. 그것은 주위를 황폐하게 만들고 병들게 합니다. 그러므로 유식치유에서 제일의 단계는 정서·감정에 대한 자각을 증진하는 일입니다. 화가 났으면 화난 것을 알아차리고, 질투가 났으면 질투의 감정을 알아차리고, 미워하면 미워하는 것을 알아차려야 합니다. 자각을 하면 조절은 자연스럽게 됩니다.

다시 강조하지만 감정은 알아차리는 것이 정상입니다. 감정이 일어나는 순간에 알아차리면 감정의 노예가 되지 않습니다. 왜냐하면 감정을 보고 있기 때문입니다. 감정을 알아차리고 보면 감정이 저절로 조절됩니다. 마치 목이 마르다는 사실을 알아차리면 저절로 물을 찾고 마시게 되듯이, 불건강한 감정은 알아차리기만 하면 우리의 자동조절 장치가 작동하기 때문입니다. 뇌과학은 알아차림 훈련이 편도체라고 하는 뇌의 감정처리 체계에 영향을 미침으로써 마음조절을 더욱 잘할 수 있도록 한다는 사실을 뇌사진(MRI)을 통해서 입증했습니다. 우리는 당연히 우리 자신의 감정을 의식할 수 있어야 하지만 성장 과정에서 발생하는 다양한 원인으로 인해서 감정을 알아차리지 못하고 억압하거나 부정하게 된 것뿐입니다. 감정을 알아차리지 못하면 감정에 휩쓸려서 파괴적인 · 공격적인 · 불건강한 행위를 불러일으키게 됩니다.

다섯 가지 감각식은 주로 정보를 받아들이는 과정, 즉 지각작용에 해당하고, 제6 의식은 들어오는 정보를 변별하는 작용을 합니다. 이들은 제7 자아의식의 영향을 강하게 받습니다. 이를테면 갈증이 심하게 나는 상태라면, 주로 오감각식과 제6식의 변별작용이 주로 작동하면서 눈과 귀, 코와 혀, 몸이 물을 구하는 데 집중하고, 6식은 물이 맞는지 아닌지 구별하는 일에 몰두할 것입니다. 이런 경우에는 자아의식의 영향을 거의 받지 않습니다. 그러나 만일 어떤 사람과 미팅을 하는 상황이라고 가정해 봅시다. 그 경우에는 단순하게 눈 · 귀 · 코 · 혀 · 몸 · 의식이 단순하게 들어오는 정보를 객관적으로 처리하지는 않게 됩니다. 그 사람이 잘생겼는지, 어떤 브랜드의 옷을 입었는지, 학력, 인상, 자기와의 관계 등등에 따라서 아주 다른 해석과 이해를 하게 됩니다.

특히 자기에게 이익이 될 유형인지 손해가 될 유형인지도 계산하게 되고, 자기가 몹시 싫어하는 유형과 닮았다면 그것의 영향도 받게 됩니다. 다시 말해서 상대를 평가하고 판단하는 데 제7 자아의식과 제8 저장식이 영향을 미칩니다. 그 영향이 심하면 자기가 보고 싶은 대로 보고, 듣고 싶은 것만 듣게 됩니다. 또 6식도 자아의식이 작동하지 않을 때는 있는 그대로의 정보를 변별하게 되지만 자아의식이 작용하면 '나'를 드러내는 방식으로, 나의 욕구를 충족하는 방식으로 비교하고 해석하게 됩니다.

자아의식 극치의 예로 우화《벌거숭이 임금님》을 들 수 있습니다.

어른의 다섯 가지 감각식과 6식은 자아의식과 저장식에 의해 오염되어 있기 때문에 있는 그대로를 못 보고 못 듣고 못 느끼는 것입니다. 그런데 어린아이는 아직 명예·부 등에 전혀 오염되지 않았기 때문에 벌거숭이 임금님 자체를 있는 그대로 보고 말하는 것입니다.

우리는 항상 자아의식 값을 치르고 삽니다. 과거에는 피아노·이층집에 대한 것들이 우리의 자아의식을 높이고 낮추는 역할을 했다면, 요즘에는 명품·명문대·자동차 등이 그 역할을 합니다. 의식주뿐만이 아니라 수많은 관계 속에서 자아의식을 세우는 일에 얼마나 많은 대가를 지불하는지 모릅니다. 자아의식 값을 없애거나 조금만 낮춰도 세상이 정말 달라 보일 텐데 말입니다. 유식심리학을 공부하는 것은 노후보험이고 노후연금에 드는 것이라고 할 수 있습니다. 자신의 자아의식 기능을 좀 더 잘 이해하면 그만큼 덜 외롭고 덜 불안하고 자아의식 값을 덜 치르게 되어 노후비용이 절감됩니다.

오감각식은 대상에 접촉하고 경험되는 문인데 자아의식에 오염되어서 자아의식의 색깔을 띠게 되고 자아의식의 탐진치에 물들게 됩니다. 그래서 없는 것이 보이기도 하고 들리기도 하고 있는 것이 보이지 않고 다르게 보이게 됩니다. 그것이 바로 우리가 다르게 보고 다르게 듣고 다르게 이해하는 이유입니다.

건강한 심리상태 확인 방법

오감각식과 6식이 자아의식의 아만·아애·아견·아치의 네 가지 번뇌에 오염되어서 드러나는 심리 상태는 우리의 몸과 마음을 병들게 합니다. 그러나 알아차림을 통해서 자아의식의 4번뇌 작용으로부터 자유로워지면, 우리의 몸과 마음이 건강하고 행복한 상태가 됩니다. 《유식 30송》 가운데 11송에서 14송까지는 선한 정신요소와 선하지 않은 정신요소를 다음과 같이 분류해서 소개합니다.

그런데 선한 정신요소라는 것이 정확하게 무엇을 의미할

까요? 바로 건강한 심리 상태를 말합니다. 건강하다는 것은 개인적으로는 행복과 성장, 깨달음을 촉진하는 심리 상태를 의미합니다. 그만큼 4번뇌에 덜 오염되었다는 의미이기도 합니다. 그래서 대인관계에서는 소통·공감·이해를 촉진하는 심리 상태입니다. 또 '나'와 '너'를 둘러싸고 있는 사회, 자연, 환경과 유기적인 관계를 유지하고 생태적 관계를 가능하게 하는 심리 상태를 말합니다. 반면에 불건강한 심리 상태는 개인적 차원에서는 행복과 깨달음에 장애가 되는 심리 상태입니다. 대인관계에서 단절과 오해·왜곡, 그리고 자기중심적 태도를 유발하고, 자연과 우주, 사회와 유기적·연기적 관계성을 파괴하는 심리 상태를 의미합니다. 건강한 심리 상태에는 다음과 같은 열한 가지가 있습니다.

- **믿음**

  무엇을 믿음이라고 하는가? 모든 우주 만물은 겉으로 드러난 현상과 그 본질이 있다는 사실을 믿고 인정하는 것이다. 부처님과 부처님의 가르침, 그리고 이 둘을 따르는 수행단체의 공덕을 믿고 좋아하는 것이다. 현실 삶에서나 수행하는 도道의 길에서 선善을 닦고 얻을 수 있다는 사실을 믿는 것이다.

- **양심**

  자기 자신과 진리에 입각해서 어진 사람과 올바른 법을 귀하게 여기고 존중하며 잘못을 부끄럽게 여겨서 악행을 멈추게 한다.

- **부끄러움**

  남과 비교해서 거칠고 사납거나 악한 법을 거부함으로써 잘못
  을 부끄럽게 여기고 악행을 멈추게 한다.

- **탐내지 않음**

  윤회하는 삶과 그 원인에 집착하고 탐하는 마음을 다스려서 선
  을 행하는 것이다.

- **성내지 않음**

  고통과 고통의 원인에 대해서 성내지 않고 그 화를 잘 다스려서
  선행으로 돌린다.

- **어리석지 않음**

  모든 사물의 본질적인 이치와 드러난 현상을 명료하게 이해함
  으로써 어리석음을 다스려 선을 행한다.

- **정진**

  선한 품성을 닦고 악한 품성을 끊는 데 게으르지 않고 용맹스럽
  고 굳세게 한다.

- **가볍고 편안함**

  몸과 마음을 고르고 화창하게 해서 유연하게 한다.

- **방종하지 않음**

  방심하지 않고 부지런히 정진하고 선근을 닦는다.

- **평정**

  정진과 세 가지 선한 뿌리로 들뜨는 마음을 고요히 평정하게 함
  으로써 일체를 평등하게 비춘다.

- **해롭게 하지 않음**

  일체 존재에게 괴로움과 해로움을 주지 않고 연민심을 내어 고
  통을 덜어 주고자 하는 마음을 낸다.

건강하지 않은 심리 상태는 일차적인 불건강 요소와 이차적인 불건강 요소로 나뉘는데, 일차적인 불건강 요소에는 다음과 같은 여섯 가지가 있습니다.

- **탐욕**

  윤회하는 삶과 그 원인을 탐하고 집착한다.

- **성냄**

  고통과 그 원인에 대해서 미워하고 성내며 불안과 악행을 일으키는 바탕이 된다.

- **어리석음**

  본질과 드러난 현상에 대해서 무지하고 어두우며 그릇된 마음을 일으킨다.

- **거만**

  자아의 존재를 믿고, 그 자아가 남보다 잘났다고 믿는다. 타인과 비교하고, 기대만큼 인정을 받지 못하면 불만족으로 인해 고통을 일으키고 성장의 멈춤을 가져온다.

- **의심**

  바른 진리와 이치에 대해서 결정을 미루는 것으로서 여기서는 선이 생겨나지 않는다.

- **악한 견해**

  바른 진리와 논리에 대해서 뒤바뀌게 추측하고 판단한다. 고통을 초래하는 악한 견해에는 나와 나의 소유로 집착하는 것, 극단에 집착하는 견해, 인연법을 부정하는 삿된 견해, 잘못된 견해에 집착하는 견해, 잘못된 계율에 집착하는 견해가 있다.

이차적인 불건강 요소에는 다음의 스무 가지가 있습니다.

- **분노**

  이롭지 않은 대상을 향해서 일어나는 거칠고 악한 감정이다.

- **원한**

  분노로 인해서 악을 품고 버리지 않아서 맺어진 감정이다. 아주 괴로운 것이 특징이다.

- **위장**

  자신이 지은 죄로 인해서 이익과 명예를 잃을까 두려워서 감추려 드는 것이다. 후회와 괴로움을 업으로 삼는다.

- **고뇌**

  분노와 원한으로 인해서 마음이 맹렬하게 다투고 일그러진 것이다.

- **질투**

  자신의 명예와 이익을 지나치게 구하여 남의 성공과 인정을 참지 못하고 시기하는 것이다.

- **인색**

  물과 현상을 탐하고 집착해서 베풀지 못하고 감추고 아끼는 것이다. 몸과 마음과 생각이 인색하다.

- **속임**

  이익과 명예를 얻기 위해서 교묘하게 속이는 것이다.

- **아첨**

  남을 끌어들이기 위해서 교묘하게 행동하고 진실하지 않게 굽히는 것이다.

- **해로움**

  일체 중생에 대한 연민심이 없이 손해를 끼치고 괴롭히는 것이다.

- **방자함**

  자신의 성공에 집착하여 건방지게 하는 것이다.

- **비양심**

  자신과 진리를 돌보지 않고 어진 사람과 선한 것을 거부하는 것이다.

- **부끄러움이 없음**

  죄과를 부끄럽게 여기지 않고 악행을 중시하는 것이다.

- **들뜸**

  마음이 대상을 향해서 고요하고 평등하게 대하지 못하는 것이다.

- **미련함**

  마음이 대상을 세밀하고 분명하게 관찰하지 못하게 하는 것이다.

- **불신**

  있는 그대로의 실상과 선함. 그리고 그러한 올바른 진리를 깨달을 수 있는 능력을 인정하거나 원하지 않고 마음을 오염하는 것이다.

- **게으름**

  선한 성품을 닦고 악한 성품을 끊는 일에 게으른 것이다.

- **부주의**

  방탕하게 흐르는 것이다.

- **망각**

  인식 대상에 대해서 분명하게 기억할 수 없는 것이다. 기억하지 못하는 사람은 마음이 산란하기 때문이다.

- **산란함**

  인식 대상에 대해서 마음이 흔들리고 어지럽게 하는 것이다.

- **부정확한 지식**

  관찰되는 대상에 대해서 그릇되게 이해하는 것이다.

건강, 불건강, 또는 선, 불선을 결정할 수 없는 심리 상태에는 다음과 같은 네 가지가 있습니다.

- 뉘우침

  지은 업을 미워하는 것이다. 이전에 하지 않은 것을 뉘우치는 것도 포함된다.

- 수면

  몸이 자유자재하지 못하며 마음이 어둡고 관찰에 장애가 된다.

- 찾아 구하는 것.

- 보면서 살피는 것.

위에서 건강과 불건강을 결정할 수 없는 중성적 심리요소는 그것이 발생하는 상황에 따라서 달라진다는 의미입니다. 예컨대 뉘우침의 경우, 무엇을 뉘우치느냐는 것입니다. 미워하는 사람을 공격하고 보복하지 않은 것을 후회하고 뉘우치는 건지, 반대로 악한 행동을 뉘우치는 건지 알 수 없습니다. 수면도 마찬가지입니다. 과거에는 수면을 수마睡魔라고 해서 마구니 취급을 했지만 요즘 연구 결과를 보면 평균 일곱 시간이 적당하다고 합니다. 어떤 연구에서 여섯 시간 수면과 일곱 시간 수면을 비교해 본 결과, 여섯 시간 수면을 취하는 사람이 심장병, 치매, 성격장애 등이 훨씬 많다는 보고가 있습니다. 수면 부족은 사람을 거칠고 불안하게 만듭니다. 그럴 때는 많이 잠을 잘 필요가 있습니다. 반대로 지나

치게 많이 자는 것 또한 건강을 해치고 정상적인 생활을 방해합니다. 찾아 구하는 것, 보면서 살피는 것도 마찬가지로 조건·상황을 고려해서 결정해야지, 상황과 무관하게 선하거나 악하다고 볼 수는 없습니다.

우리는 계속적으로 선한 심리 상태에 있거나 불선한 심리 상태에 머물러 있지 않습니다. 그리고 선한 심리 상태와 불선한 심리 상태는 절대로 동시에 작동하지 않습니다. 이들은 각각 빛과 어둠에 비유될 수 있어서 빛과 어둠은 서로 공존할 수 없는 원리와 같습니다. 다만 우리 마음은 찰나적으로 선과 불선의 심리 상태를 너무나 빠르게 오가기 때문에 마치 동시에 작동하는 것 같지만 그것은 마음의 속도를 따라잡지 못하기 때문입니다. 자각이 느리고 잘 안 되어서 그런 것입니다. 화를 내거나 질투한 것을 일 년 후에 알고 인정하거나 평생 모르고 지나갈 수도 있습니다. 감정은 의식의 영역에서 발생하는 것인데도 우리의 주의가 부족하거나 무의식에서 인정하고 싶지 않은 욕구가 강하면 자각하지 못할 수도 있는 것입니다.

유식심리학에서 어리석음은 자아의식의 작용수준, 즉 자아의식이 얼마만큼 우리의 지혜를 덮고 있고 오염하는지에 달려 있습니다. 본질적으로 우리는 모두 불성을 지니고 있고 본래부터 성불한 상태라는 측면에서 보면, 지혜로운 사람과 어리석은 사람의 깨달음의 정도는 비교할 수 없습니다. 똑같기 때문입니다. 부처의 지혜와 중생의 지혜가 다르지 않듯이 말입니다. 수학에서 마이너스 1000 플러스 무한대($-1000+\infty$)와 억만 플러스 무한대(억만$+\infty$)는 그 크기에 차이가 없습니다. 우리의 근본 지혜, 성스러움, 고귀함은 무한대이기 때문에 우리의 지혜나 존귀함은 비교하거나 측정하는 것 자체가 불가능합니다. 우리의 근본 깨달음이나 지혜에는 차이가 없지만 우리가 지닌 어리석음의 크기는 차이가 있습니다. 왜냐하면 어리석음은 유한하고 제거할 수 있는 것이기 때문입니다. 그러므로 우리가 얼마나 마음을 닦고 수행했는지를 비교하려면, 얼마나 지혜로운지 따질 것이 아니라 얼마나 덜 어리석고 더 어리석은가로 비교할 수 있겠지요. 이치적으로 말하자면 그렇다는 것입니다.

《유식 30송》을 기본으로 해서 제가 쓴《나를 치유하는 마음여행》에서 튜닝tuning, 즉 마음을 조율하는 기법으로 네 종류를 소개하고 있습니다. 그것은 감각 조율, 감정 조율, 생각 조율, 기억 조율입니다. 집단상담에서 가장 흔하게 일어나는 사례를 한 가지 들어 보겠습니다.

어떤 여성이 성인이 된 지금에 와서도 어린 시절(네 살 때) 어머니가 자신과 두 살 아래 남동생을 차별했다는 기억 때문에 어머니를 미워하고 원망하는 무의식적인 마음을 지니고 있었습니다. 그런데 지금 이 여성은 세 명의 자녀를 둔 50대 후반의 엄마입니다. 현재 여든이 다 된 자기 어머니와의 관계에서는 여전히 네 살짜리 여자아이 감정이 묻어 나오기 때문에, 거의 환갑이 다 된 지금에 와서도 엄마와의 관계는 여전히 뭔가 마음속으로부터 불편한 감정의 찌꺼기가 남아 있었습니다. 이러한 경우에 생각 조율과 기억 조율 기법을 함께 사용할 수 있습니다.

우선 내담자로 하여금 눈을 감고 호흡에 집중하게 합니다. 그런 다음 내담자가 네 살 때 내담자의 어머니는 몇 살이었는지 생각하게 합니다. 이번에는 세 명의 자녀를 둔 50대 후반의 현재 자신의 입장에서, 어머니가 아닌 그냥 스물다섯의 한 여인을 바라보게 합니다. 그러고는 두 명의 딸과(내담자에게는 한 명의 언니가 더 있었음) 아들 한 명을 둔 스물다섯 여인의 입장에서 생각해 보게 합니다. 즉 내담자 자신이 딸 둘과 아들 한 명을 둔 스물다섯의 여인이라고 생각하고, 자신이 겪고 있는 삶의 무게와 상황을 생각해 보게 하는 것입니다.

이와 같은 생각 조율의 명상은 불과 5분 정도 진행되었지만 내담자를 포함한 나머지 집단원의 상당수가 눈물을 흘렸습니다. 왜일까요? 내담자의 기억 속에 머물고 있는 엄마는 네 살짜리 어린아이 눈으로 바라보고 경험한 스물다섯의 여인이지만, 집단상담에서 제가 이끄는 명상을 통해서 바라본 엄마는 세 명의 자녀를 둔 50대 후반의 여성 입장에서 자신과 마찬가지로 세 명의 자녀를 둔 스물다섯의 여성을 바라보았기 때문입니다. 더욱이 내담자의 큰 딸이 서른 살이 넘었고 둘째 딸도 서른이 다 되어 가는 입장입니다. 자신의 현재

딸과 비교해 보면 스물다섯의 그 어머니는 너무나 어렸던 것이지요.

저는 생각 조율 명상이 끝난 다음 간단한 피드백을 받아 보았습니다. 개인적인 내용이어서 상세히 밝힐 수 없지만 실제 집단상담 장면에서는 내담자의 어머니가 처했던 당시의 상황으로 인해서, 집단상담에 함께 참가했던 많은 이들이 이 내담자의 어머니를 떠올리면서 가슴 아파했다고 합니다. 어머니를 향한 내담자의 마음이 많이 녹았습니다. 그러나 함께 생각 조율 명상을 했던 다른 집단원에 비해서 당사자인 이 내담자는 여전히 감정이 억압되어 있었습니다. 물론 그러한 현상은 자연스러운 일입니다. 저는 이어서 기억 조율 명상을 실시했습니다.

같은 방법으로 먼저 눈을 감고 호흡에 집중합니다. 그런 다음 과거로 돌아가서 어머니가 내담자를 임신하고 출산하는 장면을 상상하게 합니다. 태어나서 젖을 물리고, 밥을 먹이고, 내담자의 옷을 빨고, 목욕을 시키고…, 일반적으로 어머니가 자식을 위해서 하는 갖가지 일상의 일을 떠올리게 합니다.

우리가 간직하고 있는 대부분의 불편한 관계나 기억을 보면, 대개가 한쪽으로 치우쳐 있습니다. 위의 내담자의 경우에도 어머니가 자신에게 일상적으로 해 주었던 따뜻한 돌봄과 보살핌에 대한 기억보다는 어떤 특정한 순간에 일어난 섭

섭한 사건을 아주 강하게 기억하고 있었던 것입니다. 우리는 부모, 아내, 친구 등과의 관계를 떠올려 보면, 수많은 시간과 관계 속에서 특정한 사건과 기억에 고정되어 있는 경우가 많습니다. 그래서 시간과 함께 자연스럽게 흐르고 변화하지 못하고 그 사건에 집착하는 경우가 많습니다. 그 특정한 사건을 통해서 경험되었던 감정이 기억으로 저장되어 나머지 좋았던 기억을 압도하게 됩니다. 기억 조율 명상은 내담자가 어머니와 가졌던 과거의 경험을 어떤 특정한 사건에 고정되지 않고 모든 경험에 골고루 평등하게 주의를 기울이도록 안내합니다. 그렇게 함으로써 내담자로 하여금 어머니와 좋았던 수많은 기억을 찾아내도록 합니다.

기억 조율을 통해서 내담자의 억압된 감정이 한층 더 녹는 것을 볼 수 있었습니다. 그리고 다음 회기에서 이 내담자는 어머니와 더 편안하고 좋은 시간을 보냈으며, 더 애정 어린 마음으로 효도할 수 있게 되었다고 보고했습니다. 뿐만 아니라 함께 참가했던 다른 집단원도 자신의 어머니, 또는 아버지를 더 많이 이해하게 되었고 감사하게 되었다고 했습니다.

이와 같이 우리가 겪는 수많은 불건강한 심리 상태 속에는 불합리한 생각과 기억이 녹아 있습니다. 감각·정서·생각·기억 조율기법은 불건강한 심리 상태를 건강한 심리 상태로 전환하는 데 유용한 도구로 사용할 수 있습니다.

깨달음으로 가는
물음표

●────────────── 상대도 나와 똑같이 이해하고 경험할 것이 라는 무의식적 전제가 갈등을 유발하기 때문입니다. 내가 믿으니까 너도 믿기를 바라고 강요하기 때문입니다. 유식은 서로 다르게 이해하고 알고 경험한다는 사실을 인정하거나 깨닫지 못한 탓에 서로 자기의 견해나 믿음을 강조하는 사람들, 그로 인해서 상처받고 상처를 주는 사람들을 치유하고자 하는 것이 근본 목적입니다. 유식은 자기중심적 사고, 앎, 이해가 관계의 갈등을 유발하거나 소통을 방해하거나 불선심소를 유발하는 것에 대해 일깨워주고 그것에 대한 치유법을 구체적이고 체계적으로 명시해 놓았다고 할 수 있습니다.

15송

다섯 가지 감각기관을 통해서 들어오는 정보를 받아들이고 이해하는 과정에는 반드시 우리의 과거 경험이 영향을 미친다. 또 입력되는 정보의 성격에 따라서 다섯 가지 감각기관이 모두 작용하기도 하고, 부분적으로 작용하기도 한다. 이를테면 파도가 일어나기 위해서는 바닷물과 바람이 있어야 하는 것과 같은 이치이다.

 16송

여섯 번째 의식은 항상 일어난다. 생각이 없는 세계無想天[1]에 태어나거나 무심의 두 선정과[2] 잠자거나 기절했을 때를 제외하고는 항상 일어난다.

15송에서 바닷물은 저장식이고 파도는 오감각식, 바람은 외적 조건에 비유하고 있습니다. 저장식인 바닷물은 기압이나 바람이라는 외부조건이 전혀 없다면 출렁거리지 않을 것이기 때문에 파도, 즉 오감각식은 발생하지 않는다는 것입니다. 파도가 일어나려면 기압의 높낮이에 의해 바람이 불거나 배가 지나가든지 해서 파도나 물결이 일어나게 된다는 것입니다. 오감각식은 안·이·비·설·신, 즉 눈·귀·코·혀·몸의 다섯 가지 감각기관과 색·성·향·미·촉, 즉 모양/색깔·소리·냄새·맛·촉감이 존재할 때 발생합니다. 이를테면 모양이나 색깔만 있다면 안식眼識, eye—

consciousness만 발생한다는 것이지요. 또 모양과 소리가 있다면 모양을 보는 눈과 소리를 듣는 안식과 이식耳識, ear-consciousness만 발생한다는 것입니다. 이것을 말로 하니까 복잡하게 느껴지는데 한번만 자세히 생각해 보면 굳이 설명할 필요도 없을 만큼 당연한 것입니다. 뭔가 보이는 것이 있을 때 눈의 앎이 작용하고, 맛볼 것이 있을 때 혀의 앎, 즉 설식舌識, tongue-consciousness의 작용이 발생합니다.

여기에서 우리가 흔히 오해하고 있는 것이 유식심리학은 유식무경唯識無境을 주장한다는 것입니다. 우리는 여기에 대한 오해를 분명히 이해할 필요가 있습니다. 흔히 유식은 유식무경, 즉 오직 마음만 존재할 뿐이지 일체 만물, 현상은 존재하지 않는다는 사실을 주장한다고 사람들은 받아들입니다. 유식은 또 만물은 다 마음이 만든 것일 뿐 마음 이외에 바깥세상에 존재하는 것이 없다는 뜻으로 일체유심조一切唯心造를 주장한다고 이해하는 경우가 있습니다. 그러나 그것은 오해입니다. 이는 유식을 비판하는 자들이 유식무경이라는 용어를 들어서 식識, consciousness 외에는 아무것도 인정하지 않는다고 비판한 것에 불과합니다. 이것은 유식을 비판하기 위한 비판이지 유식 자체가 그런 주장을 한 것이 아님을 우리는 위의 15송을 통해서 이해할 수 있습니다.

15송은 명백하게 외부 대상의 존재를 인정합니다. 그리고 치유의 입장에서 유식과 중관을 비교하거나 옳고 그름을 논하는 것은 무의미합니다. 치유의 대상이 다르고 기법이 다릅니다. 중관은 그야말로 파사현정破邪顯正, 즉 그릇된 것을 타파하고 올바른 것을 드러낸다는 목적에서 행해지는 것으로 인지적 영역의 치유에 초점을 맞추고 있습니다. 다시 말해 중관은 그릇된 생각과 견해가 그 치유의 대상입니다. 그러나 유식은 그릇된 생각과 견해뿐만이 아니라 불건강한 정서·감정도 중요한 치유 대상입니다. 나아가서 감각과 기억도 치유 대상입니다.

또한 유식무경은 오직 자기가 그렇게 알 뿐이지 자기가 아는 그 모습 그대로 바깥에 실제로 존재하는 것은 아니라고 이해할 수도 있습니다. 즉 우리가 주관적으로 경험하거나 내면적으로 상상하고 착각한 모양이 실제로 바깥 현상에 그대로 존재하는 것은 아니라는 뜻이지 바깥에 아예 아무것도 없다는 이야기는 아닙니다. 그러므로 유식무경을 오직 앎만 있을 뿐 바깥 경계는 무조건 없는 것이라고 이해해서는 안 됩니다. 새끼줄을 보고 뱀인 줄 착각했을 때, 착각한 그 뱀이 실제로 외부에 존재하지 않는다고 말하는 것은 맞습니다. 뱀은 착각한 사람의 마음 안에만 있는 것이기 때문입니다. 그렇다고 해서 뱀으로 착각하게 만들었던 그 새끼줄마저 아예 존재하지 않는다고 주장하면 곤란합니다. 우리가 말하는 슬픈 달이나 외로운 달이 없는 것이지 달 자체가 없다고 해서는 안 됩니다. 화려한 장미나 순수한 백합은 없지만 그렇게 화려한 장미와 순수한 백합이라고 지칭할 수 있는 근거, 외부의 대상은 분명 존재합니다.

유식에서는 존재의 있고 없음이 중요한 것이 아닙니다. 대상을 보고 일으킨 이미지, 영상, 관념, 신념, 판단, 이해가 지극히 주관적인 이해이고 앎이라는 사실을 아는 것이 중요합니다. 동일한 대상을 보고 다른 사람은 나와 다르게 알고 이해한다는 사실을 깨닫는 것이 중요합니다. 재차 강조하면 주관적 앎이고, 객관적으로 존재하는 것이 아니므로 무시해도 좋다는 뜻이 아닙니다. 그냥 우리는 동일한 상황이나 대상을 너무나 다르게 알고 다르게 판단한다는 그 사실 자체가 중요하다는 것입니다. 왜 중요할까요? 상대도 나와 똑같이 이해하고 경험할 것이라는 무의식적 전제가 갈등을 유발하기 때문입니다. 내가 믿으니까 너도 믿기를 바라고 강요하기 때문입니다. 유식은 서로 다르게 이해하고 알고 경험한다는 사실을 인정하거나 깨닫지 못한 탓에 서로 자기의 견해나 믿음을 강조하는 사람들, 그로 인해서 상처를 받고 상처를 주는 사람들을 치유하고자 하는 것이 근본 목적입니다. 유식은 자기중심적 사고, 앎, 이해가 관계의 갈등을 유발하거나 소통을 방해하거나 불선심소를 유발하는 것을 일깨워 주고 그것에 대한 치유법을 구체적이고 체계적으로 명시해 놓았다고 할 수 있습니다.

16송은 유식의 입장에서 우리의 경험이 물처럼 흐르고 찰나 생멸하는데, 기억은 편집, 조작, 퇴색되고 오염된다는 것을 보여 줍니다. 이는 자아의식이 작용을 해서 온갖 주관적 해석과 의미를 부여한 다음에 좋아하고 싫어하기 때문이라는 겁니다. 바닷물이 존재하는 한 파도는 치게 되어 있습니다. 그러니 파도에 휩쓸리거나 파도 자체를 애써서 잠재우려고 하지 말고, 파도의 생멸을 보라는 것입니다. 선정의 상태에 있거나 잠자거나 기절한 상태가 아니면 파도는 계속 될 테니까요. 파도를 잡으려고 하지 말고 함께 타고 흘러야 합니다. 자아의식이 멈추어지면 무상천, 즉 생각이 없는 세계에 태어나게 되고, 점점 더 생각이 끊어지면 생각이 없는 선정, 즉 삼매에 들어가게 됩니다. 여기서 생각이 없다는 의미는 자아중심적인 생각, 즉 아만·아애·아견·아치의 작용이 멈추었다는 뜻입니다. 자아의식이 작용하지 않는다는 것이지요. 그러면 자아의식이 작용하지 않는다는 것은 무슨 뜻일까요? 그건 탐욕심이 끊어진다는 말입니다. 그래서 생각이 없는 무심無心, mindlessness의 두 선정에서는 탐욕심이 끊어지고, 몸이 고요해지고, 마음에 기쁨이 일어납니다.

감정은 몸의 신호로 나타난다

의식과 함께 연합해서 일어나는 정서·감정 영역은 무의식 영역이 아니기 때문에 자기의 감정은 항상 알아차리고 자각할 수 있어야 합니다. 자아의식과 저장식은 무의식 영역이어서 일정한 깨달음의 경지에 도달하기 전까지는 자각이 불가능합니다. 그러나 감정 상태는 기절했을 때나 잠잘 때를 제외하고는 알아차려야 합니다. 저장식이 자아의식을 거치거나 아니면 오감각식과 자아의식의 과정을 통해서 좋다, 싫다, 끌린다, 우울하다 등등 마음의 파도가 일어납니다. 그럼에도 그 파도를 알아차리지 못하면 휩쓸리고 맙니다.

그런데 여섯 번째 의식은 왜 반드시 알아차려야만 할까요? 이미 아시듯이 저장식과 자아의식은 아직 무의식의 단계이고, 말이나 행위·생각으로 드러난 것은 아니기 때문에 선하지도 악하지도 않은 상태입니다. 그런데 그것이 감정·정서 수준으로 드러났다는 것은 말이나 행동·생각으로 드러났다는 뜻입니다. 말하고 행동하고 생각하면서 알아차리지 못한다면 어떻게 되겠습니까? 선한 말이나 행동·생각을 한다면 다행이지만, 악한 말과 행동·생각을 한다면 자신과 타인, 주변에 상당한 상처와 피해를 입히게 됩니다. 감정이 생기는 대로 욕을 한다거나 주먹이 나간다거나 하면 거기에 따르는 대가를 치러야 합니다. 그러므로 자기가 몸과 입과 생각으로 하는 것을 알아차려야 좀 더 건강하고 합리적으로 행동하게 되고, 결과적으로 고통과 불행을 사전에 방지할 수 있습니다.

불교에서 알아차리고 깨닫는 것을 그토록 강조하는 이유는 바로 알아차림이 브레이크 역할을 하기 때문입니다. 알아차리는 순간 상대에 대한 비판이나 판단의 가속페달 대신 브레이크를 밟음으로써 마음이 평정을 찾게 됩니다. 상대의 관점에서 이해하려고 노력하거나 최소한 거리를 두면서 그냥 바라볼 수 있게 됩니다. 그러면 저절로 편견이 없어지고 그 상황에서 이런 관점도 있고 저렇게도 이해하는구나 하면서 다양한 관점을 수용하게 됩니다.

감정이 생겼을 때 주의를 몸으로 가지고 오라고 하는 이유는 감정은 반드시 몸의 신호로 나타나기 때문입니다. 화가 나면 얼굴이 붉어지고 인상이 찌그러지고 혈압이 오르거나 맥박이 뛰거나 피부가 수축합니다. 그런데 감정을 조절하기 위해서 감정과 직접 씨름하는 것은 무척이나 힘겹고, 싸움에서 이길 승산도 희박하지만, 감정 대신 감정과 직접 연결된 몸의 감각을 알아차리고 몸의 감각을 조절하는 것이 한결 수월합니다. 설사 감정을 직접적으로 알아차렸다고 하더라도 '아, 내가 그랬구나' 하고 다음으로 넘어가고 바라보면 좋지만, 대개는 소심하게 그것을 붙잡고 '내가 이런 인간이구나, 저런 인간이구나!' 하면서 자기를 자책하면서 또 다른 생각에 붙잡힐 수 있기 때문입니다. 다시 말씀드리지만 욕망이나 화 자체를 억압하고 막기는 쉽지 않습니다. 욕망 자체를 억압하려고 하는 것, 화 자체를 붙잡고 내가 왜 이렇게 화를 내는가 하고 씨름하다가는 도리어 욕망의 대상이나 화나는 대상을 향해서, 나는 화가 나지 않는데 '상대가 화나게 만든다'는 식으로 자신의 화나 욕망을 정당화할 수도 있습니다. 그러므로 일단은 몸이나 호흡으로 돌아간 다음, 그것에 의지해서 화의 감정을 보아야 합니다.

호흡으로 돌아간 다음, 호흡에 의지해서 감정을 본다는 것은 무슨 뜻일까요? 우리가 마음작용을 이야기할 때 흔히 원숭이에 비유합니다. 마음이 원숭이처럼 이 대상에서 저 대상으로 뛰어다니듯이 주의가 대상과 대상을 오가면서 대상에 휩쓸립니다. 그것이 산란심이고 거기에 생각이 개입되면 번뇌·망상심이 됩니다. 그런데 대상과 접촉해서 마음이 발생했으면 곧장 주의를 대상으로부터 호흡이나 단전으로 이동해야 합니다. 주의를 단전이나 호흡에 두고 대상을 다시 향하라는 말입니다. 《나를 치유하는 마음 여행》에 보면 인 앤드 아웃in & out 기술이 바로 이 훈련과 관계되어 있습니다. 즉 인in은 대상으로 향해 있는 마음, 대상에 집착하고 있는 마음을 호흡이나 단전으로 가져오는 것을 의미합니다. 바깥으로 향한 마음을 안으로 가져온다는 뜻입니다(밖 → 안).

아웃out은 계속해서 내면에만 주의를 고정하고 있으면 객관 대상을 보는 시각이 상실됩니다. 그렇게 되면 내면과 외면의 자연스러운 소통이 단절되는 폐단이 있습니다. 그래서 내면으로 고정된 마음을 다시 외부 대상으로 향하게 하는 것입니다(안 → 밖). 그렇게 연습하다 보면 마음의 주의가 내면에도 빠지지 않고, 외부 대상에도 고정되지 않게 되어 내면과 외부 대상을 빠르게 오가게 됩니다. 초보 단계에서는 자꾸만 내면세계에 붙잡히거나 외부 대상에 붙잡히게 되지만 반복 훈련을 하다 보면 안과 밖이 원활하게 소통하게 됩니다.

성격을 고칠 수 있을까

● ──────────────── 여기 지금 물 컵이 있습니다. 이 물은 저와 분리되어 있습니다. 그러나 제가 한 모금 마시면 어떨까요? 마신 물이 제 몸속으로 들어왔습니다. 더 이상 물과 저를 분리하기가 어렵습니다. 제 몸의 일부가 되어 버렸기 때문입니다. 우리가 보고 듣고 냄새 맡고 생각하는 것도 같은 원리입니다. 대상이 없이 느끼거나 생각할 수 없습니다. 그러므로 우리의 느낌이나 생각에도 이미 대상이 포함되어 있습니다. 대상에 대한 느낌이고 생각입니다. 우리는 당연하게 나의 느낌이고 나의 생각이라고 굳게 믿고 있지만, 느낌이든 생각이든 온전히 나만의 것이 아닙니다. 주체와 대상이 함께 만나서 발생한 것이지요. 나의 느낌, 나의 생각이라고 주장할 것이 없다는 겁니다.

──────────────── ●

17송

다양한 앎은[1] 지각하는 '주체'[2]와 지각되는 '대상'[3]이라고 하는 이원화 작업을 통해서 인식이 가능하다. 그런데 현상이 실제로 우리의 앎처럼 주체와 대상이라는 이원적인 형태로 존재하는 것은 아니다.[4] 그것은 단지 마음의 표상일 뿐이다.[5]

 18송

저장식이 이래저래 변형되면서, 업과 환경의 상호작용으로 인하여 주체와 대상이라고 하는 분별이 생겨난다.

 19송

과거 모든 경험을 축적하고 있는 업의 종자가 주객 이원적인 습관적 에너지와 함께 작용하면서 다양한 행위로 전개되고 드러나면 이전의 저장식은 멸하게 된다. 그러나 드러난 행위를 통해서 촉진되고 주체와 대상으로 분별하는 습관적 에너지를 통해서 또 다른 저장식을 생겨나게 한다.

17송에서는 1송에서 설명한 내용, 즉 앎이 최초로 발생할 때 어떤 형태인지를 다시금 강조하고 있습니다. 앎은 경험의 주체와 경험의 대상이라는 이원적 구조로 발생합니다. 그러나 실제 현실은 어떤가요? 정말로 주체와 대상이 따로 있나요? 우리가 무엇이든지 자기중심적으로 보게 되므로 내가 주체이고 상대가 대상인 것처럼 착각하는 것입니다. 상대 입장에서 보면 상대가 주체이고 내가 대상이 됩니다. 알고 보면 모든 현상이 다 그렇습니다. 동서남북이 따로 있는 게 아니라 상대적입니다. 한국 중심으로 보면 일본이 동쪽이고 중국이 서쪽이지만, 미국에서 보면 그렇지 않습니다. 보는 자의 위치에 따라서, 출발점에 따라서, 조건에 따라서 바뀌는 것이지 우리가 이해하는 대로 실제적으로, 이원적으로 있는 것은 아닙니다. 동쪽이라고 하지만 동쪽 끝까지 가면 무엇이 나오나요? 서쪽이 나옵니다. 반대로 서쪽 끝까지 가면 동쪽이 나옵니다. 앞뒤도 마찬가지입니다. 길고 짧은 것도 상대적인 것이지 절대적으로 길거나 짧은 것이 따로 존재하는 것은 아니듯 한마디로 모든 것이 마음의 표상, 마음이 만들고 지어낸 이름표이고 꼬리표에 불과합니다.

그런데 우리의 앎이 이와 같이 이원적 구조에 의해서 이루어진다는 것이 어떻다는 건가요? 왜 주객이원적 구조로 경험하고 아는 것이 문제일까요? 그 자체가 문제라기보다는 그다음 단계로 이어서 진행되는 과정이 문제입니다. 우리의 앎은 주객이원적 구조를 바탕으로 오온, 즉 색수상행식色受想行識 form, feeling, perception, mental formation, consciousness의 과정으로 전개됩니다. 색의 단계에서 주객이원적 구조가 발생하면 그에 따른 느낌, 지각, 정신적 형성, 경험으로 진행되기 때문에 우리의 주관적 경험에는 이미 대상이 포함되어 있습니다. 이 말이 좀 어렵게 느껴지시지요? 예를 들면 여기 지금 물

컵이 있습니다. 이 물은 저와 분리되어 있습니다. 그러나 제가 한 모금 마시면 어떨까요? 마신 물이 제 몸속으로 들어오고 더 이상 물과 저를 분리하기가 어렵습니다. 제 몸의 일부가 되어 버렸기 때문입니다. 우리가 보고 듣고 냄새 맡고 생각하는 것도 같은 원리입니다. 대상이 없이 느끼거나 생각하는 것은 불가능합니다. 그러므로 우리의 느낌이나 생각에도 이미 대상이 포함되어 있습니다. 대상에 대한 느낌이고 생각입니다. 우리는 당연하게 나의 느낌이고 나의 생각이라고 굳게 믿고 있지만, 느낌이든 생각이든 온전히 나만의 것이 아닙니다. 주체와 대상이 함께 만나서 발생한 것입니다. 나의 느낌, 나의 생각이라고 주장할 것이 없다는 말입니다.

흔히 우리는 본래 지혜롭고 깨달은 존재이지만 '알 수 없는 아득한 어느 순간에 무지가 몰록 생겨났다'고 합니다. 그러나 그 설명으로는 현대인에게 공감을 얻기는 좀 어렵습니다. 우리는 여전히 좀 더 구체적인 설명을 원합니다. 그런데 《유식 30송》은 무지가 발생하는 순간을 정확하게 밝힙니다. 무지는 바로 인식의 주체와 객체가 나누어지는 순간이라고 말합니다. 그리고 인식의 주체가 있고 객체가 있어서 둘로 분리되어 각각 독립적으로 존재한다고 믿는 것입니다.

아시다시피 부처님께서는 '어떻게 하면 우리 인간이 삶의 고통으로부터 해방될 수 있을까?'를 고민하셨습니다. 그런데 '사는 게 다 고통이고 그런 거지 뭐'라고 하면 할 말은 없습니다. 이렇게 되면 진리를 발견할 수 없습니다. 삶의 고통이 당연한 것처럼, 그렇게 속수무책으로 견디며 사는 우리 중생을 부처님께서는 안타깝게 여기신 나머지, 어떻게 하면 삶의 고통에서 벗어날 수 있는지를 화두로 삼고 수행하신 결과 답을 얻으셨습니다. 그 답이 연기입니다. 주객이 따로 독립된 것이 아니라 서로 연기되어 있다는 것입니다. 그러나 우리가 그러한 사실을 안다고 해서 실제로 우리의 고통이 줄어드느냐 하면 그렇지 않습니다. 그래서 부처님께서 당신이 깨달으신 연기를 설명하기 위해서 네 가지 단계, 즉 사성제로 설명하십니다. 병원에서 환자를 치료하는 방식과 유사한 방식으로 말입니다. 사성제에서 먼저 고통에 대한 자각, 즉 진단하시고 원인을 찾아내서 원인을 제거하는 방법을 연마하면 고통에서 해방된다는 것입니다.

고통의 대표적인 원인은 '아집'입니다. 옛날에는 병원에 가서 아픈 부위를 설명하고 의사가 약을 주면 그냥 믿고 먹었습니다. 요즘에는 상세한 설명을 원합니다. 부처님은 이미 2500년 전에 아집에 대해서 아주 친절하게 설명을 하셨습니다. 즉 자아에 대한 집착에서 벗어나도록 돕기 위해서 먼저 '나'에 대한 본질이 무엇인지 설명하셨습니다. '나'의 본질이 바로 오온이라는 것입니다. 오온은 다섯 가지 감각기관(눈·귀·코·혀·몸)과 마음이 각각의 대상인 색성향미촉법(형태·소리·냄새·맛·촉감·비물질적 대상)을 만나서 색수상행식(형태·느낌·지각·의지·앎)으로 전개되는 일련의 심리적 과정입니다. 그런데 우리의 앎/경험이 찰나적으로 발생하고 소멸하는 것은 잘 설명이 되지만 어디에 저장이 되어 있어서 어제 것도 기억하고 일 년 전 것도 기억하고 십 년 전 것도 기억하느냐 하는 의문은 설명하지 못하고 있습니다. 어떻게 이것이 저장되어서 윤회하는가 하는 의문입니다. 그러한 의문은 오온이나 십이연기, 사성제 등의 시스템으로는 설명이 안 됩니다. 그래서 유식심리학은 마음의 기능을 6식(분류, 범주화), 7식(자아의식), 8식(저장식)으로 세분화했습니다.

여기에서 우리가 한 가지 참고해야 할 사항은 불교교리를 이해하는 태도입니다. 같은 교리도 누가 설명하느냐에 따라 다를 수 있고, 그 교리를 어떻게 적용하느냐 하는 문제는 반드시 정해진 것이 아닙니다. 우리는 어떤 가르침이든지 설명력Power of explanation이라는 개념을 염두에 두어야 합니다. 교리의 설명은 설명하는 자의 경험과 수준을 넘어설 수 없기 때문에 설명 그 자체가 객관적으로 100퍼센트 맞거나 틀리지는 않습니다. 다시 말해 부처님께서 깨달으신 연기는 분명 예외가 없고 시공간을 초월한 진리이지만 그것을 설명하고 이해하고, 또 깨닫는 데는 상당한 차이가 있다는 것입니다. 설명 자체는 진리가 아니라 고통에서 자유로워지도록 돕는 방편이라는 뜻입니다.

18송은 어째서 주체와 대상이라는 이원적 분별이 가능하게 되었는지 그 이유를 설명합니다. 주객이원적 구조로 인식하는 가장 근본적인 원인은 경험에 대한 집착, 즉 경험을 경험으로 받아들이고 흘려보내는 것이 아니라 그것을 붙잡기 때문에 주체와 대상의 분류가 발생합니다. 그리고 인식 패턴은 하나의 업, 습관적 에너지가 되어 다시 저장됩니다. 우리의 의식·무의식적 경험은 모두 저장되는데, 저장된 것들이 가만히 있는 것이 아니라 자기네끼리 이리저리 부딪치고 연합되면서 또 다른 형태를 만들어 냅니다. 저장된 내용이 외부 조건을 만나서 드러나기도 하고, 내부에서 외부 조건 없이도 끊임없이 이리저리 굴러서 새로운 것이 생성되기도 합니다. 그래서 무수히 다양한 주객이원적 지각 형태를 만들어 냅니다.

　　전통적으로 유식은 이해하기 굉장히 어렵다는 인식이 지배적이었고, 실제로 이해하는 사람이 많지 않았습니다. 왜냐하면 자신의 경험, 자신의 마음을 주교재로 삼고, 유식을 부교재로 삼지 않았기 때문입니다. 유식공부를 하면서 내 경험이나 내 감정, 내 기억은 내버려 두고 유식을 개념적으로 이해하려고 하니 대단히 어려운 것입니다. 전문 학자가 되려면 어느 정도 이론적 영역이 필요하겠지만 수행을 위한 목적이라면 그럴 필요가 없습니다. 일상에서 자신이 느끼는 감정이나 인간관계에서 오는 고통 등 구체적인 교재를 가지고 와야 합니다. 자신의 구체적인 마음의 작용이 왜 발생하고 전개되는지 살펴봐야지 유식학 자체를 공부하려고 들면 마음수행이나 치유에 별 도움이 되지 않습니다.

운명은 바꿀 수 있다

우리가 행한 정신적·신체적 행위는 모두 저장식에 무의식으로 축적되었다가 조건을 만나면 의식 밖으로 드러납니다. 마치 쌀이 습도나 온도가 맞으면 쌀벌레가 나오듯이 말입니다. 그래서 저장식을 다른 말로 종자식이라고도 합니다. 그런데 종자처럼 저장된 저장식은 어떤 조건이 맞아서 밖으로 드러날 때는 이전의 모습과 동일한 형태로 나오지는 않습니다. 그래서 이숙식異熟識, 즉 다르게 무르익은 식 consciousness이라고도 합니다. 무슨 뜻일까요? 쌀벌레를 예로 들면 쌀벌레가 처음부터 쌀 안에 있었느냐고 하면 그것은 아닙니다. 수분이나 온도가 적당히 맞을 때, 쌀벌레가 생겨날 수 있는 어떤 특정한 경향성이 있었던 것입니다. 다시 말해서 처음부터 쌀 안에 쌀벌레의 형태나 모양, 특징이 저장된 것은 아니라는 것입니다. 그렇다고 쌀이 아닌 다른 곳에서 쌀벌레가 나오지는 않듯이, 쌀 안에는 조건만 맞으면 언제든지 쌀벌레가 생길 수 있기 때문에 쌀벌레가 생기는 일차적 원인은 바로 쌀입니다. 그러나 원인이 어떤 결과로 드러나기 위해서는 반드시 조건이 필요합니다. 아무리 쌀이 쌀벌레를 만들 수 있는 일차적 원인을 가지고 있다고 하더라도 수분이나 온도라고 하는 이차적 원인, 즉 조건이 맞지 않으면 쌀벌레는 생기지 않습니다.

이렇듯 저장식의 종자는 여러 가지 조건을 만나서 새롭게 생겨나는 것입니다. 그러한 이치를 우리의 경험과 직접적으로 연결해서 생각해 보면 어렵지 않습니다. 우리가 경험한 것은 기억 속에 저장됩니다. 그런데 그 기억된 경험이 밖으로 다시 나올 때, 과거에 경험된 것과 똑같은 형태로 나타날 수는 없습니다. 왜냐하면 시간과 공간이 다르고 상황이 변했기 때문입니다. 과거 기억이나 경험은 항상 현재의 어떤 조건이나 상황과 연결되어서 드러날 뿐입니다. 그런 의미에서 다르게 무르익어서 나타난다고 표현한 것입니다.

19송은 수행의 근거, 필요성을 분명하게 제시하고 있습니다. 왜냐하면 수행을 통해서 성장하고 변화할 수 있다고 말하고 있기 때문입니다. 그것도 그냥 단순한 변화가 아니라 질적이고 근본적인 변화와 성장이 가능하다고 말합니다. 한마디로 '종자 개량'이 된다는 것이지요.

어떻게 종자 개량이 되는지 궁금하실 것입니다. 유식에서는 저장식의 종자가 다양한 행위로 전개되고 드러나면 이전의 종자는 소멸되고 새로운 행위가 촉진되면서 새로운 종자가 만들어진다는 사실을 구체적으로 설명하고 있습니다. 여기에 자각, 알아차림 수행의 중요성이 있는데, 왜냐하면 저장이 된 것은 어떤 형태로든 드러나게 되어 있고, 일단 드러나고 나면 그 저장된 종자는 쭉정이가 되고, 새로 경험된 것이 다시 저장된다는 사실입니다.

예를 들어 아내가 남편의 외도를 처음 알았을 때 대부분 배신감에 분노하고 슬퍼합니다. 그러면 그 배신감과 슬픔의 종자가 저장됩니다. 그러다가 시간이 지나면서 잠시 잊고 있다가 어떤 계기로 기억이 나면 다시 감정이 올라올 것입니다. 그 순간 이전에 분노하고 슬퍼했던 종자는 저장식에서 사라지고 새롭게 올라온 감정이 저장됩니다. 이때 이전보다 훨씬 더 강력하게 분노하고 슬퍼하거나 욕을 한다면 분노와 슬픔의 감정은 더 강력한 종자로 저장됩니다. 그것을 심리학 용어로 '강화'라고 합니다. 반대로 다시 떠올랐을 때, 이전보다 덜 흥분하고 분노하는 반응을 보인다면 이전의 강력한 종자는 사라지고 보다 약한 종자가 저장된 것입니다. 전자의 경우에 우리는 흔히들 생각할수록 괘씸하고 배신감을 느낀다고 표현합니다. 반면에 후자의 경우라면 세월이 약이라고 표현합니다.

그러면 어떻게 하는 것이 종자 개량을 제대로 하는 것인지 의문이 들 것입니다. 서산 대사의 《선가귀감》에 보면 비회비출非懷非出이라는 말이 나옵니다. 마음에 품지도 말고 밖으로 내뿜지도 말라는 뜻입니다. 마음에 새겨서 담아 두지도 말고, 동시에 밖으로 내뱉지도 말라니, 그게 어떻게 가능합니까? 바로 자각을 하라는 말입니다. 알아차림은 밖으로 드러내는 것도 아니고 안으로 삼키는 것도 아닙니다. 그냥 내면에서 일어나는 심리적 현상을 있는 그대로 지켜보고 흘려보내는 것입니다.

저장식의 종자와 현재의 조건이 만나서 의식으로 드러나는 순간을 우리가 알아차릴 수 있다면, 우리는 업을 정화할 수 있습니다. 설사 이전에 불선한 정신적·육체적 업을 지어서 저장식의 종자를 만들었다고 하더라도 그것이 어느 순간에 다시 재생되는 순간 자각을 하게 되면 반응의 강도는 약해집니다. 반대로 자각이 없으면 반복 행위를 통해서 더 강화됩니다. 저장된 프로그램을 재생해서 수정을 하는 작업에 비유할 수 있습니다. 최근 한 심장 관련 연구에 따르면 감정을 억압하는 것도 건강에 유익하지 않지만 감정을 폭발하는 것은 더욱 해롭다고 합니다. 무조건 표현한다고 좋은 것이 아니라 표현을 하되 그 표현을 자각하는 치유적 표현을 해야 한다는 것입니다.

유식치료에서 치유는 저장식의 종자가 인연을 만나서 의식수준으로 떠오를 때, 그것을 자각하고 지속적으로 그 자각을 유지하려고 노력하는 것입니다. 오감각식과 관련된 종자는 요가·춤·음악·동작 등을 통해서 발생하는 종자식의 발아 과정을 지켜볼 수 있을 것입니다. 특히 강한 감정을 동반하는 정신적 경험은 신체에 영향을 미치기 때문에 감정이 사라진 이후에도 몸에 그 흔적을 남깁니다. 그리고 새겨진 신체의 영향은 계속해서 유지됩니다. 그러므로 신체에 남겨진 경험의 흔적을 치유하기 위해서는 오감각식을 동원해서 치유하는 것이 효과적입니다. 감각적으로 저장된 업은 인지적으로는 풀리지 않습니다. 그래서 감각적으로 실습할 필요가 있습니다. 이것을 진아 만나기 프로그램[6]에서는 감각 조율이라고 부릅니다. 또한 서양에서 알아차림 명상과 인지행동치료를 통합하여 만든 MBCT[7]라는 프로그램의 경우가 전형적인 예입니다. MBCT는 원래 우울증 재발 방지를 위해서 개발되었습니다. 우울증의 경우는 생각을 바꾸어서 감정을 바꾸는 데 한계가 있었던 것입니다. 왜냐하면 우울의 기분과 감정은 일단 발생하고 나면 몸의 감각과 느낌에 그 흔적을 남기기 때문입니다. 그러므로 인지적 변화를 통해서 우울의 감정이나 기분을 전환하는 것으로는 충분하지 않은 것입니다. 몸의 감각 조율을 통해서 몸에 남겨진 흔적을 치유해야 합니다.

한편 감정과 정서는 반드시 의식 수준이기 때문에 감정이 들락날락하는 순간을 자각하고 알아차리기만 해도 종자 개량이 일어납니다.

그러나 자각하지 못하면 앞의 감정은 자아의식을 발생시키면서 아만·아견·아애·아치의 네 가지 번뇌를 작동해서 다음의 새로운 감정을 유발합니다. 자아의식의 작동이 개입하면서 새롭게 발생된 감정은 다시 자아의식 작동의 영향으로 다음의 감정을 유발합니다. 그렇게 해서 감정은 아주 빠른 속도로 진행되면서 저장식의 종자를 강화합니다. 그러므로 감정 속에는 항상 자아의식이 숨어 있습니다. 이 말은 감정을 통해서 자아에 대한 집착·고집을 볼 수 있다는 것입니다. 감정 속에 숨어 있는 '나'라고 하고 '너'라고 하는 주객이원적인 자아의식을 관찰하면 됩니다. 업의 고리를 끊을 수 있는 열쇠는 감정을 자각하는 것인데, 그것을 알아차리면 이른바 성격 교정·인격의 변형이 일어나고, 그렇지 못하면 업의 윤회 속에서 헤어나지 못하게 됩니다. 열정적인 사랑이나 분노심이나 질투의 감정이 일어나는 순간이 바로 성격을 바꾸고, 운명을 바꾸는 문턱입니다.

과거에는 인생의 성공과 능력에 IQ, 즉 지능지수를 중요하게 생각했습니다. 그러다가 EQ, 즉 정서지능의 개념이 등장하면서 성공적인 삶의 중요한 요인으로 정서·감정을 조절하는 능력을 중시하게 되었습니다. 정서지능은 앞에서 다루었던 선한 심리요인과 불선한 심리요인을 자각하고 조절하는 능력과 관련되어 있습니다. 나아가서 인간관계 능력으로 NQ의 개념도 등장하는데 이는 네트워크network로 불교에서는 연기적 관계를 묘사하는 인드라망과 관련된 개념입니다. 그런 가운데 최근에는 자아초월 심리치료가인 프렌시스 본이 영적 지능spiritual intelligence이라는 말을 사용했습니다. 영적 지능은 불교에서 깨달음을 돕는 서른여덟 가지 수행법 가운데 일곱 가지 깨달음의 방법 가운데 하나인 택법각지擇法覺支, 올바른 진리를 아는 능력과 관련되어 있습니다. 현대에는 진리라고 주장하는 다양한 가르침과 스승이 많이 있습니다. 자신을 좀 더 잘 이해하고 정신적 자유를 갈망하는 사람들이 자칫 그릇된 가르침에 이끌려서 오히려 그것에 구속받고 현실의 삶에 도움이 되기보다는 방해를 받을 수도 있기 때문입니다. 영적 지능은 우리 신체 가운데 두뇌의 작용보다는 심장의 기능과 보다 밀접하게 연결되어 있다고 봅니다. 흔히 많은 정신적 지도자들이 머리보다는 가슴을 따르라고 충고하듯이 영적 지능은 심장지능을 활용하는 것입니다.

저장식의 종자를 개량하는 일은 단번에 성취되지 않습니다. 부처님께서는 완전한 지혜는 단번에 성취되지 않고 점차로 배우고 실천함으로써 발전한다고 말씀하셨습니다. 다이어트를 하는 사람들이 잠깐 열심히 하다가 금방 지치거나 싫증을 내듯이 마음공부도 단번에 많은 것을 기대했다가 실망하는 사람이 있습니다. 그러나 세세생생 쌓아 온 저장식의 종자를 한꺼번에 개량하는 일은 불가능합니다. 일상의 생활 속에서 우리의 감정·생각에 휩쓸리지 않고 자각하면서 하나씩 쭉정이를 만들어 가야 합니다. 그래서 그릇된 습관이 다시 재발되지 않도록 방지해 가는 것입니다. 또 자신의 기억을 지나치게 신뢰하지 말고, 나이를 먹을수록 자신이 보고 들은 것을 일방적으로 주장하거나 내세우지 않아야 합니다. 왜냐하면 상대는 나와 다르게 듣고 다르게 볼 수 있기 때문입니다. 그렇게 서로의 경험을 존중하는 마음의 자세는 불건강한 종자를 저장하지 않고 지혜와 자비심의 종자를 심는 지름길이기 때문입니다.

절에서 스님들이 기도하는 축원문에 "상품상생지대발원"이라는 문구가 나옵니다. 극락세계를 상중하로 구분하고 그 각각을 다시 상중하로 나누면 9품이 됩니다. 그 가운데 제1등품, 상품 중에서 상품에 이르기를 기원하는 축원입니다. 우리는 매 순간 태어나고 소멸합니다. 9품중생을 인품에 비유해서 설명해 보면, 성장의 과정에서 환경이나 교육의 여건이 불우해서 그릇된 업을 쌓았다고 할지라도 매 순간의 자각을 통해서 우리의 품격을 얼마든지 높일 수 있습니다. 가장 낮은 품격을 가진 사람은 항상 타인과 비교해서 우월감을 갖거나 열등감을 갖지만 높은 품격을 가진 사람은 남과 비교하지 않습니다. 또 낮은 품격의 소유자는 자신의 말과 행동과 생각을 알아차리지 못하지만 높은 품격의 소유자는 그렇지 않습니다.

흔히 '내 마음을 나도 모르겠다', '내가 왜 이러는지 모르겠다'고 말합니다. 그건 저장식의 종자가 발현되는 것을 알아차리지 못하고 있다는 증거입니다. 자신의 저장식의 종자가 걷잡을 수 없이 출렁이면서 파도를 일으킬 수도 있고, 상대방의 저장식의 파도에 휩쓸려서 종잡을 수 없는 심리 상태가 될 수도 있습니다. 그럴 때 일단 하던 행동이나 말과 생각을 멈추고 재빨리 자신의 호흡이나 단전으로 주의를 가져오는 것입니다. 몸은 날뛰는 우리의 마음을 잠재울 수 있는 안식처입니다. 몸에 마음을 집중하고 감각기관을 열어서 보이는 것을 보고, 들리는 것을 듣고, 냄새를 맡으면 됩니다. 그러면 마음이 고요해지고 그 대상도 함께 고요해져서, 관계에서 나만 치유를 경험하는 것이 아니라 상대도 함께 치유를 경험합니다. 혹시 타인의 흉을 보는 자신을 발견하면 자각을 해서 흉을 보지 않으려는 의도를 일으킵니다. 흉보는 습관으로 인해서 에너지가 발생하면 실망하거나 평가하지 말고, '내가 흉보고 있구나', '흉을 봤구나' 또는 나중에라도 흉본 것을 깨달아서 후회하더라도 계속적으로 자각하는 노력을 잊지 않으면 됩니다. 콩나물시루에 물을 붓는 순간 물은 새어 나가고 말지만 그래도 콩나물은 자랍니다. 포기하지 않고 좌절하지 않는 한, 우리는 끊임없이 성장하고 발전할 수밖에 없습니다. 이와 같이 꾸준하고 성실하게 우리의 마음작용을 알아가지 않는 한, 고통에서 자유로워지는 길은 없습니다.

저는 청소년기에 부모에 대한 분노가 많았습니다. 다양한 심리치료와 종교적 훈련을 거쳤지만 부모를 원망하는 마음은 쉽게 해결이 되지 않았습니다. 그러다가 불교를 만나서 윤회에 대한 가르침을 배우고 부모에 대한 깊은 반성과 사랑을 깨닫게 되었습니다. 부모가 자녀를 선택하는 것이 아니라 자식이 더 적극적으로 부모를 선택해서 들어온다는 사실을 이해하는 순간에 분노가 멈추는 것을 알았습니다. 부모와 자식의 관계는 예컨대 다방, 커피숍, 고급레스토랑이 있는데 주인이 강제로 손님을 끌고 들어오는 것이 아니라 손님이 자기 취향에 맞는 가게를 선택하는 것과도 같은 이치입니다. 물론 부모도 자식을 남의 집 자식과 비교하거나 원망해서는 안 됩니다. 고상하고 품격 있는 손님을 오게 하고 싶으면 자기 가게를 고상하고 품격 있게 만들어야 합니다.

부모와 자식 간이든 다른 사람과의 관계에서든 서로 저장식의 종자를 인정하는 것이 중요합니다. 이때 원망이나 과도한 피해의식, 죄책감은 더욱 도움이 되지 않습니다. 불교 심리학에서 인간관계는 현생에서 출발하는 것이 아니라 전생까지 고려합니다. 난자와 정자의 만남은 하나의 원인이 되지만 거기에 여러 가지 상황과 조건이 더해져서 같은 부모에게서 나온 자식도 달라지는 것입니다. 가끔 상담에서 첫째 아이와 둘째 아이가 달라도 너무 다르다고 궁금해하는 부모가 있습니다. 첫째와 둘째를 가질 때 부모의 마음가짐이 같았는지, 키우는 과정에서 심리 상태나 조건이 같았는가를 생각해 보면 답은 간단합니다. 게다가 애초에 찾아오는 아이도 다를 수밖에 없습니다. 부모가 아이를 만드는 순간의 조건이 사실은 태교보다 더 중요합니다.

어쨌든 우리의 정신적·신체적 품격을 배양하는 일은 우리 자신의 책임입니다. 우리의 전생이나 과거가 어느 수준의 품격이든 우리는 매 순간 우리의 품격을 바꾸고 높일 수 있는 기회가 있기 때문입니다. 우리가 숨 쉬는 찰나가 바로 그 기회입니다. 다시 말해 들숨과 날숨에 있기 때문에 호흡을 편안하게 하는 것, 그것만으로도 우리 자신의 품격을 높일 수 있습니다. 호흡이 편안하다는 것은 어느 한쪽으로 치우치거나 들뜬 감정이나 감각이 평정심을 되찾아가는 신호이기 때문입니다. 출렁거리는 마음을 호흡을 통해서 고요하게 한다는 뜻이기도 합니다. 그런 의미에서 17송에서 19송까지는 숨을 들이쉬고 내쉬는 순간에 주의를 호흡이나 단전에 고정하고 다섯 가지 감각식과 6식, 그리고 7식과 8식의 생성과 소멸의 과정을 지켜보라고 합니다.

내가 있는 그대로의 나 자신을 사랑하기를.

내가 진정으로 행복하기를

내가 이 불확실한 세상에서 평화를 발견하기를.

내 행복이 계속 커지기를.

내가 행복해지고 내게 행복할 이유가 있기를.

내가 평화롭게 살고, 무언가에 지나치게 집착하거나 무언가를 지나치게
싫어하지 않기를

내가 슬픔으로부터 자유롭기를.

내가 신체적 고통으로부터 자유롭기를.

내가 편안하게 나 자신을 돌보기를.

내가 사랑하고 또한 사랑받기를.

친애하는 이여, 그대가 행복하고 만족하기를.

행복한 삶을 위한 세 가지 처방

20
—
22
송

●

단단한
마음공부

● ———————————— 비교하는 것이 왜 문제가 될까요? 물론 비교하는 것 자체가 문제는 아닙니다. 비교를 하게 되면 우월감을 갖게 되거나 열등감을 갖게 되고, 이런 습관적인 에너지가 작동하는 것이 문제입니다. 문제는 비교하는 습관인데 비교로만 끝나는 일은 없습니다. 우리의 마음을 자세히 들여다보면 별의별것으로 우월감을 느끼거나 열등감, 수치심을 갖습니다. 키가 작다든지 크다든지, 코가 높다든지 낮다든지, 가슴이 크다든지 작다든지, 이마가 넓다든지 좁다든지 등등 신체적 조건에서부터 갖가지 물건들, 경제, 교육수준, 가족관계 등 온갖 차이를 단순한 차이로 느끼는 것이 아니라 더 크다 작다, 더 많다 적다로 비교하면서 고통과 갈등을 유발하는 원인으로 삼습니다. 그러므로 의타기성을 가르치는 숨은 뜻은, 우리가 비교하는 모든 성질들은 다 상대적인 것이고, 상대에 따라서 바뀌는 것이지 고유한 차이나 근본적 차이가 아니라는 사실입니다.

20송

이리저리 계획하고 조직하고 도식화하는 사고의 작용이 갖가지 종류의 신념, 관념, 개념을 만들어 낸다. 그렇게 만들어진 것은 모두 자기의 감정과 욕망과 집착에서 생겨난 것이다. 욕망과 집착이 요모조모로 계산하고 따져서 만들어 낸 관념이나 개념은[1] 실제로 존재하는 것이 아니다.[2]

 21송

상대의존적 성품[3]을 주객으로 분별하는 것은 원인과 조건에 의해서 생겨난 것이다. 완전하게 이루어진 성품[4]은 상대의존적 성품 안에 내재된 계산하고 집착하는 성품이 영원히 사라졌을 때 일어난다.

 22송

그러므로 완전하고 진실된 본질은 상대를 의지하는 상대성과 완전히 다른 것도 아니고 다르지 않은 것도 아니다. 무상·무아·고·공의 성질과 같아서, 궁극적인 실체의 본질이 지각되지 않으면, 타자에 의존하는 상대성 또한 지각되지 않는다.

불교심리학이나 불교 상담, 불교적 치유에서 반드시 이해하고 가야 할 중요한 가르침 가운데 하나가 무아無我, no-self입니다. 무아는 말 그대로 '나'가 없다는 뜻입니다. 여기서 '나'는 어떤 나일까요? 우리가 보통 '나'라고 하면 몸과 마음을 말하는데 몸과 마음이 없다는 것일까요? 그렇다면 말이 안됩니다. 그것을 누가 믿겠습니까. 이렇게 버젓이 내 몸과 마음이 있는데 말입니다. 이 객관적인 몸뚱이나 마음작용이 없다는 것은 아니고, 우리가 '나'라고 굳게 믿고 있는 그런 '나'가 존재하지 않는다는 것입니다. 한마디로 '나'에 대한 이미지, 견해라고나 할까요? '너'와 독립적이고 분리된 '나', 그런 '나'가 없다는 겁니다. '나'는 어디까지나 '너'를 의지해서 존재하는 '너'의 상대적 존재로서의 '나'가 있다는 것입니다.

그런데 그냥 믿거나 말거나 착각하도록 내버려 둘 일이지, 굳이 우리가 믿고 있는 그런 '나'는 없다고, 존재하지 않는다고 강조하는 이유가 어디에 있을까요? 사성제를 떠올려 보시면 답이 나옵니다. 고통의 근본 원인이 아집이기 때문입니다. '나에 대한 집착이 괴로움의 뿌리이기 때문에 불교심리학과 치유에서 무아를 강조하는 것입니다. '나'라고 하는 것은 그냥 우리가 스스로에 대해서 가지고 있는 자아상self-image일 뿐이지, 객관적 실체가 아닙니다. 그럼에도 불구하고 우리는 그 자아상에 붙잡혀서 집착하고 있기 때문에 자신의 자아상과 어긋나면 화내고 갈등하게 됩니다. 내담자 중심치료를 창시한 칼 로저스는 우리가 이상적으로 꿈꾸는, 되고 싶은 자기 모습과 현재 실제 자기 모습 사이에 차이가 크면 클수록 고통과 갈등은 커진다고 보고 그 차이를 줄여 가는 것이 사람이 되어 가는 과정becoming a person이라고 보았습니다.

아무튼 우리는 '나'라고 믿고 있는 그 '나'에 집착하는 것만큼 고통은 커지기 때문에 유식심리학에서는 그 '나'가 실제의 '나'가 아니라는 의미에서 '무아'를 가르치고 있습니다. 그러나 우리 대부분은 우리가 믿고 있는 '나'가 없다고 하면 쉽게 수긍하지 못합니다. 아무리 '나'가 없다고 해도 우리는 여전히 '나'에 대한 존재감을 지우기가 어렵습니다. 물론 육조 혜능 대사[5]처럼 《금강경》의 한 구절을 듣고 단박에 깨달아서 나뭇짐을 던지고 출가의 길을 가기도 하지만 보통 사람은 이해가 불가능합니다. 그래서 사람의 수준에 따라서 다양한 방식으로 설명하다 보니 팔만사천 법문이 나온 것입니다. 사실 무아든 유아든 그 자체가 중요한 것은 아닙니다. '나'에게 집착하고, '나'를 주장하면 관계의 소통을 방해할뿐더러 자기 자신과도 소외되기 때문에 궁극적 행복에 도달할 수 없다는 것이 문제입니다. 솔직히 무아의 이치를 몰라도 우리는 자기를 내세우고 자기 의견만 주장하는 사람과 친하고 싶어 하지는 않습니다. 더욱이 그런 사람하고 마음이 통한다는 표현은 하지 않습니다. 그런 사람과 함께 있으면 단절감을 크게 느끼고 답답해합니다. 통하지 않기 때문입니다. 가만히 살펴보면 서로 자기를 잊고 상대의 존재를 존중할 때, 좋은 관계가 일어나고 치유가 된다는 것을 알 수 있을 것입니다.

아무튼 위의 20송에서 22송까지는 무아를 받아들이고 이해하기 어려운 사람을 위해서 친절하게, 일단 '나'라고 믿고 있는 그 '나'의 존재를 먼저 인정해 줍니다. 그런 다음 우리가 믿고 있는 '나'라고 하는 인식의 주체와 대상의 본질이 어떤 것인지 세 종류로 요약해서 설명하고 있습니다.

첫 번째는 20송 변계소집성偏計所執性입니다. 치우쳐서 계산하고 집착하는 성질입니다. 신념, 개념, 관념 등 욕망이 만들어 낸 것입니다. 민주주의, 사회주의, 사랑, 평화, 신, 보살, 자유 등 무엇이든 간에 머리로 계산하고 요리조리 따지고 논리적으로 조작해서 만들어 낸 것입니다. 신념 같은 것은 흔들리지 않습니다. '나는 절대로 이것만은 안 돼!', '죽어도 안 돼'라고 집착하는 것이 알고 보면 모두 논리로 만들어진 것입니다. 민주주의라는 이름을 걸고 목숨을 바치기도 합니다. 또 사랑이라는 이름으로 '네가 사랑을 배신했으니까!'라고 하며 죽음으로 치닫기도 합니다. 그러나 사랑이나 민주주의는 실제로 존재하는 것이 아닙니다. 사랑이라는 신념이 있을 뿐입니다. 다 생각이 계산하고 만들어서 집착한 신념에 불과합니다. 그런데 우리는 그것이 실체로서 존재한다고 믿고 서로 자신의 믿음이나 생각이 옳다고 주장합니다. 그러므로 다툴 수밖에 없습니다. 왜냐하면 각자의 마음속에만 존재하는 심상이기에 동일할 수 없기 때문입니다.

변계소집성에는 심상心相, 즉 바깥에 실제로 존재하는 것이 아니라 생각으로 요모조모 따지고 계산해서 만들어 낸 것이 있는가 하면, 바깥에 존재하지만 그것을 있는 그대로 보는 것이 아니라 마음이 투사해서 만들어 낸 표상이 있습니다. 표상은 마음이 만들었다는 점에서는 심상과 동일하지만, 외부에 없는 것을 완전히 지어낸 것이 아니라 외부에 존재하는 것을 마음이 제멋대로 비추어서 보는 것입니다. 이를테면 자유로운 구름, 순결한 백합, 화려한 장미와 같은 것이지요. 그러므로 표상은 심상처럼 심각하게 왜곡되거나 개인적인 이해의 차이로 인한 갈등은 크지가 않습니다. 좀 더 구체적인 설명은 뒤에서 하겠습니다.

두 번째는 21송 의타기성依他起性입니다. 상대를 의지해서 일어나는 성질입니다. 제 손에 든 볼펜이 홀로 있을 경우에는 '길다, 짧다'라는 이야기를 하지 못합니다. 반드시 비교할 수 있는 다른 것이 있어야 '길다, 짧다'라고 말할 수 있습니다. 선과 악, 더럽고 깨끗하고, 아름답고 추하고 등의 성질은 모두 상대적입니다. '더럽다'라고 말을 한다면 무언가 깨끗한 것을 무의식적으로 상정하면서 '더럽다'라고 판단하게 됩니다. '예쁘다'고 한다면 무의식에서 '못생긴' 무언가를 떠올리게 됩니다. TV를 보다가 어떤 연예인을 보고 '예쁘다'고 생각하는 순간 무의식에서는 못생긴 누군가를 떠올리게 되어 있습니다. 물론 의식할 수 없는 경우가 대부분입니다.

그런데 비교하는 것이 왜 문제가 될까요? 물론 비교하는 것 자체가 문제는 아닙니다. 비교를 하게 되면 우월감을 갖게 되거나 열등감을 갖게 되고, 7식인 자아의식의 아만심을 자극하는 습관적 에너지가 작동하는 것이 문제입니다. 아만심의 특징이 비교하는 습관인 데다 이것이 비교로 끝나는 일은 없습니다. 우리의 마음을 자세히 들여다보면 별의별 것으로 우월감을 느끼거나 열등감과 수치심을 갖습니다. 키가 작다든지 크다든지, 코가 높다든지 낮다든지, 가슴이 크다든지 작다든지, 이마가 넓다든지 좁다든지 등등 신체 조건에서부터 갖가지 물건, 경제, 교육수준, 가족관계 등 온갖 차이를 단순한 차이로 느끼는 것이 아니라 더 크다 작다, 더 많다 적다로 비교하면서 고통과 갈등을 유발하는 원인으로 삼습니다. 그러므로 의타기성을 가르치는 숨은 뜻은, 우리가 비교하는 모든 성질은 다 상대적인 것이고 상대에 따라서 바뀌는 것이지 고유한 차이나 근본적 차이가 아니라는 사실입니다.

세 번째는 22송의 원성실성圓性實性입니다. 둥글고 원만한 성품으로 있는 그대로의 진실된 모습, 진정한 실체를 말합니다. 원성실성은 두 번째 상호의존적 성질인 의타기성에서 치우쳐서 계산하고 조작하는 변계소집성이 제외되면 원성실성이 됩니다. 즉 의타기성에서 변계소집성이 빠지면 됩니다. 무슨 뜻인가 하면 일체 만물은 연기적 존재이기 때문에 상호 의존적입니다. 그러나 그 상호 의존적 성질에는 계산해서 따지고 집착하는 성질이 포함되어 있습니다. 더 쉽게 표현하자면 길고 짧은 상대적 성질에 요모조모 따지고 분별하는 자아의식이 개입되지 않는다면 그것이 원성실성이라는 것입니다. 7식의 작용이 빠지면 길고 짧다는 것은 그냥 아무런 가치나 의미 판단이 개입되지 않는 그냥 순수한 차이가 되기 때문입니다. 차이로 인한 우월감이나 열등감이 존재하지 않는다는 말입니다. 그러다가 또 다른 조건을 만나게 되면 이전에 길었던 것이 상대적으로 짧아지게 됩니다. 그냥 짧을 뿐 거기에는 아무런 가치적 의미가 들어가지 않습니다. 만일 이전에 길어서 우월감을 느꼈다면, 이번에는 상대적으로 더 긴 것을 만나서 짧아진 것에 대한 열등감, 긴 것에 대한 미움과 공격성이 생길 것입니다.

일상의 관계에서 사례를 들어 보면, 같은 말을 해도 A라는 사람이 하면 화가 나지 않는데 B라는 사람이 말을 하면 화가 날 수 있습니다. 왜일까요? A라는 사람은 별 뜻 없이 그야말로 그냥 있는 그대로, 느낀 대로 했기 때문입니다. 이와 달리 B는 자기 자존심을 바탕에 깔고 있어서 그렇게 느낄 것입니다. 누군가가 사랑하는 마음, 관심으로 툭 쳤을 때와 미워서 툭 칠 때는 분명 차이가 있습니다. 그냥 아만·아애·아견·아치가 개입하지 않고 비교하는 것은 문제가 없다는 겁니다.

삼자성의 개념을 전통적인 해석으로 이해하려면 어려울 수 있는데 우리 각자의 마음을 주교재로 삼고 살펴보면 그리

단단한 마음공부

어려운 내용이 아닙니다. 매 순간 일어나는 마음의 작용이기 때문입니다. 삶에서 우리는 더럽다, 깨끗하다, 길다, 짧다, 예쁘다, 못생겼다, 높다, 낮다 등의 무수한 상대적 차이에 변계소집성을 일으켜서 순식간에 기분이 오락가락하고, 좋아하거나 싫어하고, 우월감을 느끼거나 열등감을 느끼게 됩니다. 그러나 그러한 차이는 문화와 시대에 따라 다르므로 진정한 본질적 차이가 아니라 상대적 차이라는 것이니 집착하지 말라는 것입니다. 변계소집성을 일으키지 말라는 것이지요. 하지만 우리는 너무나 오랫동안 교육이나 문화를 통해서 차별화하고, 그 차이가 마치 절대적인 것처럼 가치와 의미를 부여하는 데 익숙해 있습니다. 어떻게 하면 그런 치우친 계산법, 상상하고 도식화하는 계산의 습관에서 자유로울 수 있느냐가 문제입니다.

여기서 자각훈련과 중도 수행이 필요합니다. 무언가 대상을 보고 '예쁘다'라는 마음이 일어났을 때, 일단 예쁘다는 대상을 향한 주의를 우리 몸으로 가져옵니다. 그다음에는 그 순간에 자각을 하지는 못했지만 '못생겼다'라는 무언가가 무의식에 있습니다. 예를 들면 남편이 아내와 드라마를 보다가 어느 한순간 드라마에 등장하는 여자 주인공을 보고 몹시 예쁘다는 감정이 일어난 경우, 그 마음속에는 자기 옆에서 함께 보고 있는 아내가 못생겼다는 무의식적인 마음이 함께 발생했다는 것입니다. 중도수행은 이 끝과 저 끝을 동시에 함께 보는 것입니다. 그런데 대개 두 극단이 동시에 우리의 의식에 잡히는 것이 아니라 어느 한쪽 극단은 의식으로 드러나지만, 다른 한쪽 극단은 무의식으로 잠재되어 있게 됩니다. 그러므로 우리는 어떤 것을 경험할 때 한쪽 극단만을 보게 되므로 반대 극단의 무의식을 동시에 알아차리려는 의도적 노력이 필요합니다.

중도수행 외에 감정의 뿌리를 알아차리는 수행도 아주 중요합니다. 우리가 수시로 겪는 감정 이면에 깔린 생각, 즉 감정의 뿌리를 알아차리는 것입니다. '절대로 있을 수 없는 일이야!'라고 흥분하는 순간 그 저변에 깔린 무의식적 전제를 보라는 겁니다. 다시 말해서 불건강한 감정이 발생할 때, 그것을 먼저 알아차리고 동시에 그 감정의 뿌리인 생각을 봐야 하는데 이는 쉽지 않은 일입니다. 지속적인 훈련이 필요합니다. 사람들은 피아노나 수영, 골프 등의 취미생활을 위해서는 많은 시간과 돈을 투자하고, 기다릴 줄 압니다. 한순간에 안 된다는 것을 알기 때문입니다. 그런데 마음훈련을 할 때는 의외로 조급증을 냅니다. 취미생활로 인한 행복감에 비하면 마음훈련이 주는 행복감은 비교할 수도 없이 큰데 익숙한 부분이 아니기 때문에 더 그런 경향을 보입니다.

우리가 불교수행을 하는 것은 좀 더 행복하고 자유롭기

위해서입니다. 지혜, 자비, 이타적 행위와 같은 보다 고차적인 정신 특질을 배양하기 위해서 불교수행을 하는 것입니다. 그런데 자각이나 중도적 태도가 없으면 수행을 열심히 할수록 '내가 한다'라는 생각에 아만심을 키우는 부작용을 낳을 수도 있습니다. 한편 지나치게 수행하는 데 애쓰다 보면 공연히 다른 사람이 게을러 보입니다. 그런 경우에는 자신이 '수행을 무리하게 하고 있구나' 하고 알아차려야 합니다. 또 돈이 많이 생길수록 우쭐해지고 잘난척하는 마음이 생겨나면, 그건 돈을 놓으라는 메시지임을 알아차려야 합니다. 그럴 때는 반드시 보시하는 법을 배워야 합니다. 그리고 공부를 많이 해서 다른 사람을 도와줄 수 있고 경험과 정보를 공유할 수 있다면 좋은 것이지만, 그로 인해서 괜히 타인이 무식해 보인다면 공부는 오히려 독이 될 수 있습니다.

만일 명품 백을 들고 좋은 차를 타는 사람들 앞에 섰을 때 주눅이 든다면 한번만 돌이켜 보십시오. 나보다 경제적으로 훨씬 어려운 사람들 앞에 섰을 때 자신이 어떤 태도를 취하는지 말입니다. 분명 자신보다 가난한 사람 앞에서는 우쭐대는 마음이 생겨날 것입니다. 자기보다 못났다고 생각하는 사람 앞에서 잘난 척을 하면서, 자기보다 잘났다고 생각하는 사람 앞에서 주눅이 들지 않는 것은 절대 불가능합니다. 주눅이 들지 않는 유일한 방법은 형편이 더 어려운 사람 앞에서 잘난 척하지 않는 것입니다. 자기보다 형편이 어려운 사람을 무시하는 사람은 반드시 자기보다 형편이 나은 사람 앞에서 무시받는다는 느낌을 갖게 됩니다. 상대가 실제로 무시했는지 무시하지 않았는지는 중요하지 않습니다. 중요한 것은 자기가 다른 사람을 무시하기 때문에 상대방과는 관계없이 스스로 무시받게 된다는 사실입니다. 그런 원리를 모르기 때문에 형편이 더 나은 사람에게 공격성을 품고, 자기를 무시한다고 화를 내곤 하는 것입니다.

우리는 잘못된 교육을 받고 자랐습니다. 제가 초등학교를 다니던 시절에는 담임선생님이 가정환경조사를 하는데, 집에 TV가 있는 사람, 부모가 친부모가 아닌 사람, 신문을 보는 집, 부모의 학력, 심지어 집이 자가인지 전세인지까지도 조사했습니다. 저급한 교육 환경으로 심각한 수준의 학대였습니다. 어리고 섬세한 아이들에게 물질적 가치와 수치심을 심어 주었기 때문입니다. 그렇게 자란 세대가 어른이 되었습니다. 그러니 그 사회는 어떻겠습니까? 상대를 무시하고도 무시한 것을 모르고, 잘난 척을 하고도 잘못을 모릅니다. 우리는 그렇게 길들여졌기 때문입니다. 그래서 우리는 유난히 타인으로부터 인정받고 존중받으려는 욕구가 큽니다. 뿐만 아니라 알게 모르게 아만·아애·아견·아치에 시달리고 있습니다. 자신도 모르게 남을 무시하면서 본인은 무시받지 않으려고 안간힘을 씁니다.

우리는 일상의 인간관계 속에서 무수한 찰나마다 자아의
식의 파도에 휩싸여 자존심을 상하면서 또 상대의 자존심을
건드립니다. 온갖 소유물의 차이를 비교하면서 소통하는 데
걸림돌을 만듭니다. 비교하고 경쟁하는 문화나 집단에서는
모두가 실패자가 되고 맙니다. 왜냐하면 그것은 길이 아니
기 때문입니다. 불성을 가진 우리가 가야 할 길은 아닙니다.
길이 아닌데 그 길을 가니 실패할 수밖에 없습니다. 뛰는 자
위에 나는 자가 있고 나는 자 위에 가만히 있는 자가 있다고
했습니다. 비교하는 마음을 내려놓고 가만히 알아차리는 훈
련을 해야 합니다.

착각이 만들어낸 함정

표상은 우리 마음 밖에 존재하는 사물의 모양이고, 심상
은 마음 안에만 존재하는 생각이 만들어 낸 모양입니다. 그
러니까 표상이라는 것은 객관적으로 존재하는, 눈에 보이
는 형태를 보고 그 모양을 결정짓는 것입니다. 내가 외로우
니까 달이 쓸쓸해 보인다든지, 내 마음이 한가롭거나 또는
자유롭고 싶을 때 구름이 자유롭게 보인다든지 하는 것입니
다. 우리의 마음 상태에 따라서 외부 대상에 마음을 투사해
서 보는 것입니다. 새끼줄을 보고 뱀으로 착각하는 경우, 착
각한 뱀은 없지만 착각하는 데 근거가 된 새끼줄은 실제로

존재합니다. 반면에 심상은 전적으로 생각이 만들어 낸 모양입니다. 거북이 털, 토끼 뿔, 민주주의, 사회주의, 관념, 신념 등은 외계에 존재하지 않습니다. 오직 마음에만 존재합니다. 그러므로 심상에 집착하는 사람들은 논쟁하고 싸우게 됩니다. 그러나 그 싸움의 해결점은 없습니다. 서로의 마음을 바꾸지 않는 한 답이 없습니다. 반면에 표상에 집착한 사람들끼리는 심상에 비해서 심각하게 투쟁하지 않습니다. 객관 세계에 존재하기 때문에 시비하지 않습니다. 심상은 눈에 보이는 형상이 없기 때문에 증명이 불가능하고, 결론이 나지 않습니다. 그래서 심하게 집착하면 서로 죽이는 끔찍한 일이 벌어지기도 하는데 그 대표적인 예가 종교전쟁입니다.

흔히 '일체유심조'를 해석할 때, 모든 것은 오직 마음이 지어내는 것일 뿐이기 때문에 실제로 마음 바깥에는 아무것도 없다고 이해하는 것은 옳지 않습니다. 심상은 존재하지 않지만 표상은 다릅니다. '새끼줄 자체도 원래 없는 것'이라고 한다면 그릇된 해석입니다. 뿐만 아니라 새끼줄 자체를 부정하는 것은 마음수행이나 치유에 아무런 의미가 없습니다. 새끼줄을 뱀으로 착각한 경우, 착각한 뱀이 존재하지 않는다고 하는 것은 치유적 관점에서 유용하지만, 새끼줄 자체가 처음부터 존재하지 않는다고 주장하는 것이 현실적으로 무슨 의미가 있겠습니까? 그래서 저는 불교교리를 해석할 때, 반드시 '그래서 어쩌라고?'를 해석의 끝에 넣습니다. 예를 들어 '네가 없다', '다 무아이다'라고 누가 설명한다면, '그 래서 어쩌라고?'를 넣어 봅니다. 무아를 그렇게 개념적으로 설명하는 것은 우리가 행복해지거나 성장하고 변화하는 데 특별한 실용적 가치가 있지 않습니다. 하지만 대인관계에서 '나'에 집착하지 않는 무아의 마음 상태로 대하는 것은 갈등 과 스트레스를 예방하는 이상적 방법이라고 설명한다면 경 우는 달라집니다.

부처님 당시의 인도문화, 힌두교 문화가 가지고 있었던 인간차별, 카스트제도라든지 지금까지 뿌리 깊게 남아 있는 남녀차별조항을 보면, 부처님께서 왜 무아를 주장하고 아 집을 경계하고 공과 연기를 주장하셨는지 정말 실감이 납니 다. 무아나 공은 관계에서 고통스러워하고 갈등하는 우리가 어떻게 서로 협력하고 이해하면서 상생할 수 있는지에 관한 메시지를 담고 있습니다. 무아나 공, 그 개념 자체를 공부하 고 이해하는 것이 무슨 의미가 있겠습니까? 사실상 무아나 공 또한 마음이 만든 심상에 불과합니다. 마음이 만든 것, 생각, 관념, 신념이 만든 것은 아예 외부에 존재하지 않습니 다. 우리의 머릿속에서만 그 존재가 가능합니다. 그래서 싸 우는 것입니다. 관념이나 신념이 만든 것은 쉽게 사라지지 않습니다. 생각과 생각으로 이어집니다. 찰나와 찰나 간에 상속도 하지만 생을 거듭하면서 계속적으로 상속합니다. 시 간이 지나면서 무거워지고 딱딱해집니다. 심상, 신념이 극도로 강해지면 그 앞에서는 인간도 하나의 파리 목숨에 불과할 정도로 작게 여겨질 수도 있습니다.

불교수행의 궁극적 목적 가운데 하나는 고통을 여의고 기쁨을 얻는 것입니다. 유식의 가르침 또한 그러한 목적에서 우리 인간이 고통받는 모든 마음의 문제와 원인을 제시하고 근본적 해결을 시도하고 있습니다. 여기에서는 우리가 안고 있는 문제 가운데 관념과 편견에서 오는 문제, 이념의 차이, 종교와 믿음의 차이 등에서 빚어지는 갈등과 대립의 어리석음을 지적하고 있습니다. 자유라는 이름으로 싸우고 정의라는 이름으로 싸우고 사랑이라는 이름으로 고통받고 갈등하고 싸우는 것은 싸움의 근거가 되는 관념, 믿음이 모두 심상이기 때문입니다. 아무리 신을 믿는다고 해도 신은 심상이기 때문에 네가 생각하는 신과 내가 생각하는 신은 다를 수밖에 없습니다. 내가 생각하는 부처와 네가 생각하는 부처가 다른 것은 이름만 부처인 것이지 실제로는 표상일 뿐입니다. 우리는 무수한 사물에 이름을 붙이고 그 이름에 집착합니다. 또 우리는 무수한 관념을 만들어 내고 그 관념에 집착합니다. 전자는 표상에 집착하는 것이고 후자는 심상에 집착하는 것입니다. 둘 다 모두 존재하지 않습니다. 표상과 심상은 마음이 만든 작품입니다. 표상은 모델이 있고, 심상은 모델조차 존재하지 않습니다.

우리는 사랑 때문에 싸우고 종교 때문에 싸움을 합니다. 사랑은 이름이 사랑일 뿐이지 우리가 만들어 낸 개념에 불과하기 때문에 그것은 사람의 인격에 따라서 그 의미는 천차만별입니다. 그래서 이름만 같을 뿐 서로 다른 무늬의 사랑을 합니다. 사랑과 종교가 아름답게 성장하기 위해서는 그것이 개념이고 신념이라는 사실을 알아야 하고, 나와 다른 상대의 사랑하는 방식을 이해하고 받아들이며 키워 나가야 합니다. 사랑이나 자비, 이런 것을 명사로 이해하고 논의하면 관념에 지나지 않습니다. 그것은 실천을 강조하는 동사動詞로 이해해야 합니다.

제 9 장

자기 감옥에서 벗어나기

수행과 치유를 시작할 때, 반드시 생각해 봐야 할 단어가 '투사(投射, projection)'입니다. 심리치료에서 자주 언급되는 개념입니다. 대표적인 방어기제로서 실제로는 내가 그렇게 느끼고, 판단하고, 감정을 가지고 있으면서 상대가 그렇다고 보는 겁니다. 내가 오직 그렇게 아는 것이고 실제로는 그런 상대, 대상은 존재하지 않는다는 겁니다. 그래서 일체유심조(一切唯心造), 다 마음이 만들어 낸 것이라는 겁니다. 마치 영화관의 영사기 작용처럼 영화관 뒤편에서 흰 스크린을 향해서 쏘면 온갖 인물들이 등장하고, 사건들이 일어납니다. 우리들의 복잡한 내면세계, 복잡하게 요리조리 생각하고 계산하는 변계소집성이 외부세계와 대상에 투영되는 것입니다.

23송

세 종류의 자성에 근거해서 세 종류의 무자성이 성립된다. 부처님이

이와 같은 세 가지 속성을 가르치신 궁극적인 이유는 다른 데 있다.

즉 일체 현상이 본질적으로 고유하고 유일한 속성을 가지고 있지 않

다는 사실을 설명하기 위해서이다.

 24송

첫째, 마음으로 계산하고 집착해서 만들어진 것은 그 모양이 실제로

존재하지 않기 때문에 형태의 실체가 없다. 둘째, 상호의존적인 성질

에는 상대적인 조건에 의해서 발생되고 존재하기 때문에 자기 자체

가 스스로 발생하고 스스로 존재하는 힘이 없다. 셋째, 진정한 실체

는 분별계산하고 집착하는 마음이 없기 때문에 인식의 주체와 대상

자체가 없어진 상태이다.

 25송

일체 현상이 가지고 있는 진정한 본질은 정말로 있는 그대로의 모습,

실상이다. 실상은 항상 변하지 않고 있는 그대로의 모습으로 머무르

기 때문에, '있는 그대로의 모습' 그것이 '오직 알 뿐이다'라는 말의

진정한 의미이다.

23송은 유식심리학의 특징을 유감없이 보여 줍니다. 즉
불교의 근본 가르침은 무아입니다. 일체의 정신적 · 물질적

현상은 본질적으로 공空, emptiness, 즉 비어 있다는 것입니다. 그런데 유식심리학에서는 '나'를 인정해 줍니다. 비록 진실로 '나'라고 주장할 만한 유일하고 고유한 속성은 우리의 몸과 마음 어디에도 없지만, 그래도 우리 중생들은 '나'가 있다고 느낍니다. 그래서 유식은 사실 여부를 떠나서 우리가 경험하고 주장하는 그 '나'를 먼저 인정해 줍니다. 그런 다음 그것이 왜 진짜 '나'가 아닌지를 설명합니다.

여기에서 우리는 불교 상담, 불교 심리 치유의 중요한 기법을 엿볼 수 있습니다. 상대의 주관적 경험을 사실 여부를 떠나서 인정하고 존중해 주는 마음의 자세입니다. 옳지 않다고 주장하거나 그릇된 것을 지적하기 전에 상대방의 견해나 느낌, 감정, 기억을 인정하고 수용해 주는 것이 중요합니다. 왜냐하면 우리는 정말로 제각각으로 경험하고 생각하고 믿을 수 있기 때문입니다. 이것은 일종의 여유입니다. 서로 다르게 경험하고 아는 사람들이 각자 자기 경험과 생각을 주장함으로써 부딪치고 갈등할 수 있는 가능성을 방지해 주는 마음의 공간, 여지를 만들어 줍니다. 바로 인본주의 심리학, 내담자중심치료에서 강조하는 무조건적인 공감, 존중, 긍정의 태도입니다. 사실이든 아니든 상대가 그렇게 느끼고 경험했다면, 그 사실을 일단 인정하고 받아 줍니다. 그렇게 안심시키고 나서 서로 한마음이 된 다음에 상대방의 경험과 생각이 왜 사실과 다른지 설명하는 것입니다. 그러면 앞의 송들에서 인정해 준 세 가지 본질적 속성이 사실은 왜 존재하지 않는지 구체적으로 살펴보겠습니다.

우선 앞의 20송에서 22송까지의 내용을 다시 요약해 보겠습니다. 모든 현상의 속성은 '첫째, 계산하고 분별하는 작용에 의해서 드러나는 표상과 심상이다', '둘째, 이들은 반드시 다른 것을 의지해서 쌍으로서 존재하기 때문에 상대적이다', '셋째, 이 두 가지 속성 가운데 첫 번째 속성인 계산하고 분별하는 작용이 없이 두 번째 속성만 있는 것이 일체 현상의 진정한 실상이다'라고 세 종류의 자성을 인정해 주었습니다. 그런 다음 이들이 왜 실제로는 자성이 없는, 즉 본질이 비어 있는지 알아보겠습니다.

첫째, '변계소집성', 즉 치우쳐서 계산하고 생각해서 만들어 낸 심상과 표상입니다. 심상과 표상은 모양이나 형태가 실제로 존재하지 않기 때문에 상무자성相無自性, 즉 모양이 비어 있다는 것입니다. 왜냐하면 각각 마음, 생각이 만들어 낸 것이지, 외계에 실제로 형태를 가지고 있는 것이 아니기 때문입니다. 거북이 털, 토끼 뿔, 허공 꽃, 자유, 평화, 정의, 사랑 등은 모두 실제로는 형태가 없는 것들입니다. 우리는 머릿속에 이들의 모양을 그리고 상상할 수 있습니다. 그러나 생각으로만 보는 것이지 눈으로 그 형태를 볼 수는 없습니다. 그럼에도 불구하고 그 모양이 실제로 있다고 믿고 집착하면 심각한 고통을 유발합니다. 정신치료에서는 실제로 존재하지 않는 것을 보는 것을 환상·환영이라고 하는데, 이는 정신증의 중요한 특징 가운데 하나입니다.

둘째, '의타기성', 즉 상대를 의지해서 발생하는 성질입니다. 선은 악이라는 상대적 개념을 의지해서 생겨납니다. 길다는 짧다는 상대적 개념에 의지해서 발생하고, 예쁘다는 못생겼다는 상대적 개념에 의지해서 발생합니다. 그러므로 이들은 서로 상대의존적으로 존재하기 때문에 어느 한 개념이 사라지면 그 나머지 개념도 사라집니다. 선이 사라지면 악도 사라진다는 것입니다. 선이나 악의 개념은 스스로 독립적으로 생겨나지 못하기 때문에 생무자성生無自性, 즉 태어나는 성질이 비어 있다는 것입니다. 처음부터, 태어날 때부터 스스로 독립적으로 생겨나는 것이 아니고, 반드시 상대에 의지해서 생겨나기 때문에 상대가 없어지면 따라서 없어지게 되어 있습니다. 그러므로 무아입니다.

그런데 상대의존적 속성은 그 발생 자체가 비어 있고 공한 것이라는 가르침을 왜 우리가 알아야 하는 것일까요? 앞에서도 다루었듯이 마음공부를 제대로 하기 위해서는 어떤 가르침이 주어지면, '그래서 어쩌라고?'를 대입시켜 봐야 합니다. '생겨날 때 이미 그 본질적 속성이 비어 있다고 하는데 그게 뭘 어떻다는 겁니까?' 하고 말입니다. 그러니까 서로 다르다고 시비하지 말라는 것입니다. 선과 악, 옳고 그름

등은 서로 완전히 반대된다고 극심하게 다투지만, 알고 보면 처음 발생할 때부터 서로에 의지해서 생겨난 것이기 때문에 어느 한쪽이 사라지면 나머지 한쪽도 사라져야 합니다. 자기 존재감을 드러내기 위해서 상대와 다투고 싸울 것이 아니라 서로 상생하고 협력해야 합니다. 오히려 상대의 존재감을 살려 줄 때, 자기의 존재감도 살아나는 원리를 잊어서는 안 됩니다.

셋째, 원성실성圓成實性, 즉 둥글고 원만한 완전한 성질입니다. 진정한 본질 또한 그 속성은 비어 있다는 말입니다. 이는 일체 만물의 속성은 요모조모로 머리를 굴려서 계산하는 속성이 없는, 인위적이지 않는 순수 상대성이라는 뜻입니다. 《금강경》에 보면 "수보리야, 내가 부처냐?"라고 부처님께서 물으십니다. 그럼 수보리가 "아니옵니다. 이름이 부처이옵니다."라고 대답합니다.[1] 금강경이 왜 위대한가 하면, 절대 진리인 법조차도 자성이 없으니 집착하지 말라고 하는 데 있습니다. 내가 이만큼 깨달았다거나 대단한 것을 얻었다든지 하는 진리의 모양에도 집착하지 말라고 합니다. '내가 부처, 깨달았다'라고 하는 것 또한 아상·아만의 극치라고 봅니다. 부처님 당신 자신마저도 집착의 대상이 되어서는 안 된다는, 그야말로 예외를 두지 않는, 성역이 없는 가르침이 얼마나 위대하고 솔직합니까?

그런데 우리는 또다시 스스로에게 질문해야 합니다. '일체 만물은 다 본질적으로 비어 있다, 무아라고 하는 사실을 아는 것이 왜 중요한지, 무아를 깨달아서 어쩌라는 건가?' 하고 늘 물어야 합니다. 도겐 선사가 "불교를 공부하는 것은 자기를 공부하는 것이고, 자기를 공부하는 것은 자기를 잊는 것이고, 자기를 잊는다는 것은 일체와 친해지는 것이다."라고 했습니다. 도겐 선사의 가르침에서 우리는 자기를 잊는 것, 즉 무아가 된다는 것은 바로 일체와 친해질 수 있다는 사실을 알 수 있습니다. 친하다는 것이 무슨 뜻일까요? 그것은 서로 통한다는 말입니다. 단절의 반대입니다. 그러면 역으로 무엇이 우리를 친하지 못하게 하는 걸까요? 바로 '나'를 내세우고 고집하는 것입니다. 서로 친하게 된다는 것은 '나'와 '너'를 구분해서 고집하지 않는 것입니다. 아집은 사이를 멀게 하고, 정떨어지게 하고, 미워하고 갈등하게 하는 장본인입니다. 왜 그럴까요? 상대적인 것을 절대적인 것처럼 주장하기 때문입니다. 순수 상대성이라는 것은 바로 아집이 빠진 상대성입니다. 아집은 다른 말로 자기에게 솔직하지 않은 태도입니다. 불교공부를 하는 최상의 방법은 자기에게 솔직한 것입니다. 불교가 어려운 것은 자신에게 솔직하지 않기 때문입니다. 스스로에게 솔직해지면 고집하지도 않게 됩니다.

25송에서는 또다시 유식의 의미를 확인해 줍니다. 사실상 있는 그대로의 모습, 그것이 바로 '유식'입니다. 여기서 유식의 의미를 구체적으로 풀어 보면, '오직 알 뿐이다', '오직 경험할 뿐이다'가 됩니다. 다시 말해서 주체와 객체가 따로 존재하고, '주체는 알고, 객체는 알아지는' 그런 형태가 아닙니다. 주체와 객체는 없고, 그냥 앎만 있다는 것입니다. 그것을 《능가경》에서는 "행위자는 없고, 행위만 있다."고 표현합니다. 아는 행위만 있고, 아는 자와 알려지는 대상은 없다는 것이지요. 그것을 우리는 주객일여, 즉 주체와 객체가 하나라고 표현하기도 합니다.

그러면 이제 의문이 일어납니다. 왜 아는 행위만 있고, 아는 주체와 대상이 있으면 안 되는가 하는 점입니다. 이들의 차이가 무엇인가 하는 것입니다. 어째서 아는 주체와 알려지는 대상이 있어서 아는 앎은 망상이고 고통을 유발하고, 아는 주체와 알려지는 대상 없이 아는 앎만 있는 것은 깨달음이고 행복인가 하는 것입니다. 그 이유는 간단합니다. 우리가 어려서 신나게 놀았던 기억을 떠올려 보십시오. 그때는 한참 신나게 놀면서 노는 '나'가 있고, 그 '나' 하고 같이 놀고 있는 '너'가 있다는 사실을 의식하지 않습니다. 완전히 '나'도 잊고 '너'도 잊은 상태로 오직 '놀이'만 있을 뿐입니다. 그런데 만일 놀면서 '나'를 의식하고 '너'를 의식한다면 그것은 진짜 신나게 노는 것이 아닙니다. 놀이에 빠진 것이 아니므로, 그것은 놀이가 재미없다는 말이고 결국 가식적인 놀이가 됩니다.

삶도 마찬가지입니다. 열심히 최선을 다해서 살면 살고 있는 '나'도 잊고, 함께 사는 '너'도 잊습니다. 그냥 삶이 있는 것입니다. 그런데 우리는 끊임없이 삶을 의식하게 되고, 놀다가 재미없으면 계속 놀까 말까를 망설이듯이 삶을 계속 살아야 하나, 그냥 죽어 버릴까 하고 갈등하게 됩니다. 왜일까요? '나'와 '너'를 나누어 비교해서 우월감과 열등감을 느끼고, 세상을 자기중심적으로 생각하기 때문입니다. 그러나 누구라도 계속해서 삶에 취하고 빠져서 살기는 현실적으로 힘이 듭니다. 그래서 치유가 필요하고 수행이 필요합니다. 살다 보면 사는 '나'가 보이기 마련입니다. 그건 아주 좋은 징조입니다. '나'에 완전히 빠져 있으면 아직 치유나 수행의 시기가 오지 않은 상태입니다. '나'나 그 '나'의 상대인 '너'에 빠지게 되면 반드시 고통이 수반됩니다. 우리는 그 고통을 통해서 '나'를 보게 됩니다. 그 순간 좋은 스승이나 도반, 인연을 만나서 치유와 수행을 시작하게 되는 것입니다.

수행과 치유를 시작할 때, 반드시 생각해 봐야 할 단어가 투사投射, projection입니다. 심리치료에서 자주 언급되는 개념입니다. 대표적인 방어기제로서 실제로는 내가 그렇게 느끼고, 판단하고, 감정을 가지고 있으면서 상대가 그렇다고 보는 것입니다. 유식을 유식무경唯識無境이라고도 합니다. 내가 오직 그렇게 아는 것이고 실제로는 그런 상대, 대상은 존재하지 않는다는 말입니다. 그래서 일체유심조一切唯心造, 다 마음이 만들어 낸 것이라는 봅니다. 마치 영화관의 영사기 작용처럼 영화관 뒤편에서 흰 스크린을 향해서 쏘면 온갖 인물이 등장하고, 사건이 일어납니다. 우리의 복잡한 내면세계, 복잡하게 요리조리 생각하고 계산하는 변계소집성이 외부세계와 대상에 투영되는 것입니다. 또 실제 무의식에서는 자기가 상대에게 화가 나고 미워하는데, 의식수준에서는 상대가 자기에게 화가 나고, 자기를 미워한다고 생각하는 것입니다. 투사 이외에도 우리가 알거나 경험하는 과정에는 부정이나 억압 등 다양한 심리적 왜곡이 개입하기 때문에 우리의 앎과 경험은 근본적으로 오염되어 있습니다. 그러므로 유식은 우리가 그렇게 순수 지각과 직관을 통해서 아는 것이 아니라 '나'와 '너'를 분리해 놓고 끊임없이 '나' 입장에서 '너'를 판단하고 평가하고 왜곡한다는 사실을 상기시켜 줍니다. 나아가서 그 사실을 통찰할 수 있도록 구체적인 치유와 수행의 방법을 26송부터 30송까지에 안내하고 있습니다.

나는 큰 슬픔을 헤치며 걸을 수 있다네
가득 고인 그 슬픔
나는 거기에 익숙하다네
그런데 아주 약간의 환희가 밀고 들어와
내 발에 부서지네
나 거기에 기우뚱 취해버리네

- 에밀리 디킨슨 (Emily Dickinson)

제
10
장

깨달음의
과정

26
|
29
송

•

단단한
마음공부

● ——————————————— 우리는 정신적 물질적 대상에 대해서 이름을 붙이고, 특별한 의미를 부여한 다음, 좋다고 집착하거나 싫다고 밀어냅니다. 그러나 실제로 그 대상 자체가 그러한 본질적 속성을 가지고 있기보다는 그 대상에 대한 우리의 인식이 그러할 뿐입니다. 즉 이름에 붙여진 의미들과 이름이 지칭하는 대상간의 차이를 인식하고, 이름은 꼬리표에 불과하다는 사실을 깨닫는 것입니다. 부처라고 하는 것은 이름, 꼬리표에 불과한 것이지 석가모니 부처님 자체와는 무관한 것입니다. 이와 같이 우리는 대상을 지칭하는 이름이 있으면, 그 대상에 대해서 어떤 이미지나 인식을 갖는지, 그 대상과 연합된 의미를 알아차리는 것입니다. 우리가 좋아하는 연예인들이 광고를 하면 그 상품에 연예인의 이미지가 연합되면서 무의식적으로 그 상품에 긍정적인 느낌이 더해집니다.

————————————————————— ●

26송

나와 너의 분별은 단순한 마음의 표상이고 이미지라는 사실, 즉 유식
의 본질을 깨닫고 그 깨달음에 머물고자 하는 마음[1]을 일으키지 않으
면 나와 너, 나와 대상에 대한 집착에서 벗어나지 못한다.

1송에서 25송까지는 중생의 마음의 발생과 작용을 이론
적으로 설명하고 있고, 26송에서 30송까지는 어떻게 하면
부처의 마음으로 전환할 수 있는가에 대한 실천방법론에 대
한 설명입니다. 치유적으로 보면, 1송에서 25송까지는 심리
적 불건강이 발생하는 원인과 과정을 설명하고, 26송에서
30송까지는 그것을 치유해 가는 과정이라고 볼 수 있습니
다. 또 자아초월심리학적 관점에서 보면, 1송에서 25송까
지는 잠재력 개발과 자아실현에 장애가 되는 심리적 과정
을 설명한 것이고, 26송에서 30송까지는 그러한 장애를 제
거하고 자아실현과 자아초월로 나아가는 과정이라고 볼 수
있습니다.

1송에서 25송까지는 우리의 마음은 주객이 철저하게 분
리되어 있어 객관 대상을 인지할 때, 있는 그대로 보는 것이
아니고 내 경험을 근거로 해서 투사하여 본다고 했습니다.
영화관에 가면 앞에 흰 스크린이 있습니다. 뒤에서 필름을
돌리면 온갖 인물이 등장하고 드라마가 펼쳐집니다. 그런데

우리는 상영 중에 하얀 스크린을 본 일이 없습니다. 우리의 마음도 마찬가지입니다. 우리는 마음이라고 하는 존재를 인식한 이후 지금껏 오직 인연하는 상대에 따라서 그들의 감정과 태도, 생각을 주관적으로 인식하고 그것에 반응하면서 연기하는 마음의 모습만 경험해 왔습니다. 그래서 어떻게 하면 반응하는 마음이 멈춰진 흰 스크린을 볼 수 있는지 알지 못합니다. 한마디로 우리의 진짜 마음을 알지 못합니다. 본 일이 없기 때문입니다. 우리는 진짜 자기 모습을 알지 못하기에 그 진짜 마음을 보기 위해서 수행을 하고 치유를 하는 것입니다.

26송에서 30송까지는 진짜 우리 마음을 보기 위해서 훈련하는 과정을 다섯 단계로 나누어서 설명하고 있습니다. 훈련의 핵심 기법은 오염된 앎을 전환해서 지혜로 바꾸는 것입니다. 이것을 전식득지轉識得智, revolved cognition and acquired wisdom 라고 합니다. 오감각식, 제6 의식, 제7 자아의식, 제8 저장식을 지혜로 전환한다는 것입니다.

26송은 전통적 의미로는 복덕과 지혜를 쌓는 단계입니다.[2] 즉 깨달음에 필요한 장비를 미리 준비하는 것입니다. 높은 산을 올라가는데 몸에 병이 있다면 쉽게 지치고 포기하게 될 것입니다. 영적 여행도 이와 같아서 여행길에 앞서서 지병이 있으면 미리 치료를 하는 단계입니다. 수행을 할 때는 심리적으로 상처가 있거나 증상이 심하다면 반드시 치료부터 하고 가야 합니다. 그런데 어떤 사람은 계속 준비만 하고 출발을 하지 못하는 경우도 있습니다. 왜 그럴까요? 그건 부처님께서 깨달음을 이루시고 나서 최초로 가르치셨던 네 가지 성스러운 길에서, 첫 번째 단계인 고통에 대한 자각을 하지 못했기 때문입니다. 언뜻 생각하기에 우리가 고통스러운 상황에 처해 있을 때 고통스러운 상황이라는 사실을 알아차릴 것 같지만 결코 그렇지 않습니다. 고통을 자각하기 위해서는 육도의 정신세계, 즉 지옥·아귀·축생·아수라·인간·천국의 여섯 영역 가운데 오직 인간 마인드에 있을 때만 자각이 가능합니다. 예를 들면, 분노와 공격성의 심리 상태가 특징인 지옥 마인드에서는 자아가 분노와 공격성과 하나가 되어 있기 때문에 분노하는 자신을 볼 수 없습니다. 나머지 세계도 역시 마찬가지입니다.

26송에서 지혜와 복덕을 쌓는다는 의미는 이렇습니다. 일단 인간의 몸을 받은 우리의 몸은 현생에서만큼은 인간의 모습을 그대로 유지하고 있습니다. 그러나 우리의 심리 상태는 다릅니다. 반드시 인간의 심리 상태를 가지고 있는 것은 아니라는 말입니다. 우리는 수시로 인간의 마인드가 아닌 축생 마인드, 아귀 마인드, 천국 마인드 등에 도취되어 있습니다. 그러므로 우리의 마음을 일단 인간 마인드로 가져오는 것이 급선무입니다. 왜냐하면 인간의 마인드에서만이 변화와 성장이 가능하기 때문입니다. 그런데 지구상의 수많은 존재 가운데 인간의 몸을 받는 것이 어렵듯이, 탐욕과 분노, 어리석음의 독성에 중독되어 수시로 육도를 윤회하는 우리의 마음을 인간의 마인드로 돌려놓기 위해서는 여러 가지 다양한 해독작용, 즉 치료가 필요합니다. 그러한 해독의 과정, 치료의 과정이 바로 복과 덕을 쌓는 길이라는 뜻입니다.

해독의 과정에서 치료되어야 할 대상은 크게 두 종류로 분류할 수 있습니다. 첫째는 우리의 의식이나 주의가 지나치게 자기중심적인지, 아니면 타자중심적인지를 구분해야 합니다. 자기중심적이라는 것은 모든 관심이 자기에게 집중된 나머지 남이 어떻게 느끼고 생각하는지 신경을 쓸 만큼 마음의 여유가 없고, 상대에 대한 배려가 잘 안 되는 사람을 의미합니다. 그런 사람을 위한 치료는 타자중심, 즉 다른 사람이 어떻게 생각하고 느끼는지, 그들에게 관심과 주의를 주는 훈련을 의도적으로 시키는 것입니다. 반대로 타자중심적인 자기 자신이 무엇을 좋아하고, 어떻게 느끼고 생각하는지 생각할 여유가 없고, 온통 상대와 주변이 자기를 어떻게 생각하는지에 대해서만 관심이 집중된 사람을 의미합니다. 그런 유형의 사람들은 상대나 주변 사람의 반응에 매우 민감하고, 늘 눈치를 봅니다. 그와 같은 사람은 자기중심치료가 필요합니다. 그러나 우리 대부분은 자기중심적 치료와 타자중심적 치료를 절충해서 적용할 필요가 있습니다. 왜냐하면 누구나 전적으로 타자중심적이거나 자기중심적이기보다는 영역에 따라서 타자중심적이기도 하고 자기중심적이기도 하기 때문입니다.

자기중심치료, 즉 '나' 중심의 치료법으로는 육바라밀과 삼십칠조도법, 오정심관 등이 유용합니다.[3] 육바라밀에서 보시를 해도 처음엔 타자에게 주는 것이지만 결국은 자기를 위한 보시가 됩니다. 부모가 자식에게 돈을 줄 때 100퍼센트 자식을 위해서 주고자 한다면 무조건 주지는 않을 것입니다. 돈을 주는 것이 오히려 독이 될 때도 많기 때문입니다. 자식중심이 아니라 부모중심에서 주기 때문에 요즘 문제가 많이 발생하는 것입니다. 한편 타자중심치료, 즉 '너' 중심의 치료법으로는 사섭법과 사무량심이 좋습니다. 사무량심은 모든 이를 향해서 친절하고 따뜻한 마음慈, loving kindness을 내고, 고통받는 모든 사람이 고통에서 벗어나기를 바라는 연민심悲, compassion을 내고, 다른 사람의 기쁨과 성공을 질투하는 것이 아니라 내 일처럼 기뻐하는 마음喜, joyfulness을 내고, 일체 중생을 차별 없이 평등하게 대하는 마음捨, equanimity을 내는 수행법입니다.

사무량심이 너무 어렵고 복잡하게 느껴진다면 한순간이라도 다른 사람의 행복을 위해서 기도하는 것으로도 마음치료의 출발로는 아주 훌륭합니다. 그냥 단순하게 오늘 누구와 만날 약속이 있다면, 사전에 그 사람을 떠올리면서 사심 없이 좋은 인연이 되도록 미리 기도하는 것입니다. 우리는 보통 절에서 스님의 염불을 들으면서 거룩하게 하는 의식만 생각하기 쉬운데, 단 한순간이라도 누군가를 위해서 진실로 좋은 마음을 일으킬 수 있다면, 그것 또한 거룩한 의식입니다. 왜냐하면 진정한 의미의 의식은 우리의 마음을 정화하는 것이기 때문입니다. 향을 하나 꽂고 절을 한번 하더라도 그 순간에 마음을 정화하고 비울 수 있다면, 그 자체가 아주 훌륭한 의식입니다. 슬퍼 보이는 사람을 보면 그가 슬픔에서 벗어나기를 빌고, 불안한 사람을 보면서 그를 위해서 평화를 발원하며, 자신이 흔들리고 있다면 '괜찮아! 잘될 거야' 하며 스스로를 위로하고, 내가 편안해지기를… 하는 자기연민 기도를 할 수 있다면 넓은 의미에서는 모두 타자중심치료라고 할 수 있습니다.

26송에서 두 번째로 우리가 생각할 수 있는 수행은 탐욕·화·어리석음·알음알이·분별의 다섯 가지 요소가 정상범위를 넘어서서 지나치게 많은지 어떤지를 점검하는 것입니다. 이들 요소가 지나치게 강하면 정상적인 수행의 진전이나 온전한 치유를 할 수 없기 때문에 먼저 이들을 정상수준 정도로 끌어내린 다음 본격적인 영적 수행을 떠나야 합니다. 자칫 이 점을 충분히 점검하지 않고 무조건 무리해서 수행을 하게 되면, 도중에 탈이 생깁니다. 팔다리를 다쳤거나 심한 몸살감기에 걸린 상태로 여행을 떠난다면 중도에 병을 얻어서 여행을 망치게 되듯이, 마음의 병도 마찬가지입니다. 이들 다섯 가지 요소는 고통을 유발하는 근본 요소이기 때문에 정도가 심하면 수행의 역기능이 심각해집니다. 이를테면 알음알이가 지나친 사람이 수행을 하게 되면, 지혜와 자비심이 증장되기보다 오히려 아만심이 증장될 수 있습니다. 또 분별심이 지나친 사람이 수행을 하게 되면 번뇌와 망상만 심해져서 도리어 어리석어질 수도 있기 때문입니다.[4]

결론적으로 26송에서 우리가 훈련하는 것은 '나'와 '너'의 이원성에 대한 치유입니다. 주된 치유의 기법은 대치법입니다. 즉 우리가 뭔가를 경험할 때, 주체와 대상이라고 하는 이원적 방식의 인식은 모두 마음이 만들어 낸 심상이고 표상입니다. 그러므로 치유 목적은 주객, 즉 '나'와 '너'가 하나임을 깨달아 가기 위한 기초단계로서 '나'에게 빠진 사람은 '너'에게로 주의를 돌리게 하고, '너'에게 치우친 사람은 '나'에게로 주의를 이동하는 작업을 하는 것입니다. 그런데 탐욕·화·어리석음·알음알이·분별심이 지나치면 주의를 이동하는 것이 어렵습니다. 즉 주객의 상대성을 깨달아 가는 데 심각한 걸림돌이 되기 때문에, 이 다섯 가지 요소를 응급처치로 우선 치유한 다음, 전문적이고 세부적으로 들어가야 합니다.

27송

자기 앞에 뭔가를 대상으로 취하면서, 그것이 마음의 단순한 표상
이고 이미지라고 말하는 것은, 여전히 뭔가를 소유하고 있기 때문
에 진실로 마음의 심상을 깨달아서 안주하는 것이 아니다.

1단계에서 제시한 마음공부를 열심히 하다 보면, 이전에
할 수 없었던 특별한 체험을 하게 됩니다. 쉽게 말해서 신통
을 경험하거나, 불보살님의 형상을 보거나, 영가를 보거나,
한동안 먹지 않아도 배가 고프지 않거나, 잠을 자지 않아도
피곤하지 않는 등 다양한 형태로 신비체험을 할 수 있습니
다. 뿐만 아니라 상대의 마음을 꿰뚫어 본다든지, 무슨 의문
이든 척척 풀린다든지, 미래에 대한 예견력 등이 생겨납니
다. 그때 우리는 그것을 어떻게 이해해야 할까요? 개인에 따
라서 뭔가 엄청난 깨달음을 얻었다고 착각할 수도 있고, 또
그런 신통력을 가진 사람을 보면 사람들이 몰려들기도 합니
다. 이때가 바로 유혹에 빠지기 쉬운 첫 번째 고비입니다.
왜냐하면 '나', 즉 자아의식이 증장되기 때문입니다. 왜일까
요? 용수 보살은 아집, 즉 '나에 대한 집착을 경험에 대한 집
착'이라고 정의했습니다. 그런데 경험도 보통 경험이 아니라
특별한 신통력을 경험했으니 그 경험에 대한 엄청난 집착이
생겨나지 않겠습니까? 그래서 2단계에서는 그러한 경험에
머물거나 집착하지 말고 계속해서 앞으로 더욱더 분발해서
나아가라는 의미로 가행위加行位, path of cultivation라고 부릅니다.

물론 그러한 신통력을 경험하는 것이 중요하지 않거나 대수롭지 않다는 뜻은 아닙니다. 열심히 노력한 결과로 따라오는 경험·체험이기 때문에 평가절하해서는 안 되지만 동시에 유혹이 뒤따른다는 것입니다. 스스로도 놀랍고 특별하게 느끼지만 사람들이 인정하고 관심을 보이고, 물질적·정신적 대우를 해 주기 때문에 정말로 자기가 깨달았다고 착각할 수도 있습니다. 그런데 27송은 그러한 단계가 진실로 유식의 뜻을 깨달은 상태가 아니라고 말합니다. 일상에서도 보면, 뭔가 자기 나름의 결과를 성취한 사람이 앞으로 더 많이 성장하고 발전할 것인가 아닌가는 그가 자신이 성취한 결과에 만족하고 자만심이나 우월감을 드러내는가 아니가를 보면 알 수 있지 않습니까? 더 많이 성장할 사람은 거기에 만족하거나 집착하지 않고 오히려 겸손하게 더욱더 노력합니다. 영적 수행도 똑같은 원리입니다.

2단계에서는 4선근四善根,[5] 즉 네 가지 선한 뿌리를 증장하는 수행을 닦음으로써 다음의 네 가지 단계의 영적 경험을 하게 됩니다.

첫 번째, 온몸이 따뜻해지고 전기가 통하는 듯 찌릿찌릿한 느낌과 함께 열이 발생합니다. 이때 마음이 밝아지고 고요해집니다.[6] 두 번째, 몸에서 더 강한 열이 나오면서 정수리까지 신호가 가는 단계로 밝음이 더욱더 증장합니다.[7] 대개

단단한 마음공부

이 시기가 되면 성급한 사람들은 자신이 어떤 깨달음의 경지에 도달한 것으로 착각에 빠집니다. 그래서 수행을 중단하는 경우가 많은데, 그렇기에 세 번째는 중단하지 않고 인내하면서 계속해서 노력하는 단계입니다. 그래서 더 이상 뒤로 물러나지 않게 되고, 그 결과 수행이 순탄해지는 시기입니다.[8] 그리하여 마지막 네 번째에 이르러서는 세상에서 제일가는 지혜를 얻게 되고, 항상 그와 같은 지혜를 변함없이 유지하게 됩니다.[9]

첫 번째와 두 번째 단계는 우리가 인식하고 경험하는 대상이 사실은 우리 각자의 방식으로 알고 착각한 심상과 표상일 뿐 진짜 있는 그대로 이해하고 아는 것이 아니라는 사실을 깨닫는 단계입니다. 세 번째와 네 번째 단계는 경험하고 존재하는 우리 자신도 알고 보면 상황에 따라서 끊임없이 변화하고 생멸하는 상대적 존재이고, 무상한 존재라는 사실을 깨닫는 단계입니다.

위의 네 단계 깨달음의 과정은 다음 표에서 설명한 사심사관四尋伺觀, four inquiries 법이라고 불리는 네 단계 조사방법을 통해서 성취할 수 있습니다.

4단계 조사방법	실례	비유
명 名, nāman name(이름)	프라다 가방, 로렉스 시계, 사랑, 정의, 루이비통 거품: 이름 붙여진 꼬리표에 불과하다. 엄밀한 의미에서 이름이 가리키는 사물 자체와는 무관하다.	명품
의 義, vastu, meaning(뜻)	부자, 지위(신분)가 있고, 주목을 받고 자랑스럽다. 잘났다. 특별하다. 인식의 오염: 이름 붙여진 것의 모양이고 이름에 내재된 뜻, 즉 이른과 연합된 뜻	산은 산이고 물은 물이다. 세속적 인식
자성 自性, svabhava, essence(본질)	명칭이 그 대상을 진실로 가리키는 것은 아니다. 현상 자체 정화 → 있는 그대로 자각	산은 산이 아니고 물은 물이 아니다. 무분별지
차별 差別, visesa, difference(차이)	본질적 차이가 아니라 현상적 차이이고 상대적 차이이다. 다양성의 차원이다. 우열, 옳고 그름의 차이가 아니다.	산은 산이고 물은 물이다. 분별지

정신적인 것이든 물질적인 것이든 이름이 붙여진 것에는 반드시 그 이름과 연합된 현상적(세속적) 의미가 존재합니다. 루이비통 가방을 예로 들면, 루이비통은 이름, 꼬리표입니다. 그런데 우리는 그 이름에 대해서 부자, 명품, 지위, 특별함 등과 같은 이미지를 자동으로 떠올리게 됩니다. 그러한 이미지는 자아의식을 드러내고 높이는 작용과 관련이 있습니다. 그러나 루이비통 가방의 본질, 근본적인 성질은 그저 가방에 불과합니다. 그 가방 자체가 그런 특별한 본질적 속

단단한 마음공부

성을 지니는 것이 아니라 우리가 그런 의미를 부여했기 때문입니다. 그냥 평범한 가격의 일반적인 가방이나 루이비통이나 본질적으로 차이가 있는 것이 아니라는 말입니다. 우리는 정신적·물질적 대상에 대해서 이름을 붙이고, 특별한 의미를 부여한 다음, 좋다고 집착하거나 싫다고 밀어냅니다. 그러나 실제로 그 대상 자체가 그러한 본질적 속성을 지니기보다는 그 대상에 대한 우리의 인식이 그러할 뿐입니다. 27송은 위의 네 단계 사심사관법 가운데 이름과 의미 단계의 수행에 초점을 맞춥니다. 즉 이름에 붙여진 의미들과 이름이 지칭하는 대상 간의 차이를 인식하고, 이름은 꼬리표에 불과하다는 사실을 깨닫는 것입니다.

위에서 언급했듯이 부처라고 하는 것은 이름, 꼬리표에 불과한 것이지 석가모니 부처님 자체와는 무관합니다. 이와 같이 우리는 대상을 지칭하는 이름이 있으면, 그 대상에 대해서 어떤 이미지나 인식을 갖는지, 그 대상과 연합된 의미를 알아차려야 합니다. 우리가 좋아하는 연예인이 광고를 하면 그 상품에 연예인의 이미지가 연합되면서 무의식적으로 그 상품에 긍정적인 느낌이 더해집니다.

그와 같이 이름이 있는 대상에는 크고 작은 거품이 끼어 있습니다. 자각, 알아차림이 부족하면 우리 자신도 모르게 은연중에 허망하게 이름에 이끌려서 더 우호적으로 대하거나 신뢰하거나 더 평가절상을 하게 됩니다. 그리고 그런 이름을 가진 대상을 얻기 위해 무리한 희생과 수고를 하게 됩니다. 또 수많은 광고가 우리의 그런 어리석음과 탐욕을 이용해서 포장된 광고를 하게 되고, 그것에 이끌려서 무리한 지출이나 소비를 하게 됩니다. 심지어는 남들이 다 갖고 있는데 나만 갖고 있지 않으면 소외되고, 뭔가 뒤처진 것 같은 불안감이 들기도 합니다. 사심사관법을 잘 익히면 사실 누구든지 부자로 살 수 있습니다. 또 노후자금이 많이 들지도 않습니다. 왜냐하면 이름(표), 지위, 상표에 좌우되지 않기 때문에 그만큼 돈이 덜 들어갑니다. 불필요한 거품 값을 지불하지 않는다는 것이지요. 그러므로 사심사관법의 수행은 아주 안전하게 보장되는 노후대책, 보험에 드는 것이나 마찬가지입니다. 사심사관법을 닦아 갈수록 우리는 그만큼 대상에 대해서 더 잘 알게 되고, 그럴수록 영적·정신적 수준이 올라가면서 불필요한 것을 얻거나 거품 값을 지불하느라 헐떡거리면서 그렇게 많은 수고를 하지 않아도 됩니다. 우리는 갈수록 엄청난 거품 값을 지불하느라 몸과 마음이 지쳐 있습니다. 그렇게 넘쳐나는 물질을 가지고도 공허해합니다. 왜냐하면 이름에 붙여진 의미가 고상하고 부자이고 특별하다는 것이지 정말로 그 대상으로 인해서 우리 자신이 그런 사람이 되는 것은 아니기 때문입니다.

사실이 아닌 것은 반드시 우리를 허망하고 공허하게 만듭니다. 그러므로 사심사관 훈련을 열심히 하면 노후자금이 그렇게 많이 필요하지 않은 삶을 살 수 있습니다. 이 사심사관 훈련이야말로 거품 값을 지불하지 않아도 되는 매우 강력한 훈련법입니다. 2단계는 다음 3단계의 초세간적 진리로 나아가는 전 단계의 수행이므로 세속적 가치나 의미를 초월해 가는 과정입니다.

 28송

어느 땐가 인식 대상을 지각하지 못하게 되면 모든 것이 마음의 심상과 표상이라는 유식의 깨달음에 머물게 된다. 왜냐하면 파악될 인식 대상이 없으면 그것을 파악하는 인식의 주체 또한 없기 때문에 주객의 분별이 사라진다.

28송은 견도見道, the path of insight, 직지直知, direct knowledge 또는 무분별지無分別智, non-discriminative cognition 단계라고 부릅니다. 견도는 진리를 본다는 의미인데 주체와 대상의 공성, 즉 주객의 상대성을 깨달았다는 것입니다. 다시 말해서 '나'라고 하는 주체와 '너'라고 하는 대상이 절대적 분리, 독립된 존재가 아니라 상호 의존적인 존재로서 상황과 조건에 의해 발생하고 소멸하는 현상을 깨달았다는 것입니다. 직지는 말 그대로 곧바로 본다는 것입니다. 머리로 판단하고, 분석하고, 유추해서 아는 것이 아니라 그냥 곧바로, 직관적으로 아는 통찰적 지혜라는 뜻입니다. 무분별지는 주체와 객체로 나눈 이원적 지식이 아니라 주객을 분별하지 않고 아는 지혜라는 것입니다.

1송에서 무지가 발생하는 근본 이유가 '나'와 '너'가 따로 독립적으로 존재한다는 인식에서 출발한다는 사실을 기억하고 있지요? 그러니까 수행은 역으로 '나'와 '너'가 별개의 존재가 아니라는 사실, 즉 '나'와 '너'의 '실체가 비어 있다, 상대적이다, 서로 연기적 존재이다'라는 사실을 깨닫는 겁니다. 26송의 1단계는 그러한 사실을 깨닫기 위해서 필요한 선수과목과도 같습니다. 그야말로 본격적인 수행에 앞서 그 밑거름으로 복덕과 지혜를 쌓는 단계이고, 기본적인 힘을 기르는 단계입니다. 그렇게 복덕과 지혜를 쌓아 가다 보면 그 결과로 다양한 신통력을 얻게 되는데, 이때 자신이 경험하는 신통력에 집착하거나 게으른 마음을 내지 말고 더욱 정진하는 단계가 27송입니다. 더욱 정진하는 방법으로는 사심사관의 네 단계 수행 가운데 처음 두 단계인 이름과 의미 단계를 닦습니다.

루이비통 백을 예로 들면, 루이비통은 단지 이름입니다. 그 이름에 담긴 의미는 부자, 특권층, 인정, 남들의 부러움을 사는 등으로, 이름에 담긴 의미가 나의 자아의식과 직접적으로 관련이 있는 것입니다. 나의 자아의식을 멋있게 포장해 준다든지, 나를 빛나게 해 준다든지, 한마디로 자부심을 갖게 된다는 것입니다. 반대로 이름 없는 값싼 백을 들었다면 왠지 촌스러워 보이고, 자신감이 떨어지거나 공연히 창피하거나 기가 죽거나 한다는 것입니다. 대개 중생심은 여기서 끝납니다. 그래서 명품 백에 대한 환상을 갖습니다.

심하면 훔쳐서라도 갖고 싶어 합니다.

　그런데 이름과 그 이름에 붙여진 의미에 의문을 품게 되면 문제는 달라집니다. 과연 명품이 명품인가? 이름만큼 그 물건이 그러한 가치를 지니는가? 그것이 진실이라면 세월이 흘러도 동일한 가치를 지녀야 하고, 공간이 바뀌어도 같은 가치를 지녀야 하는데 실제로는 그렇지 않습니다. 시절인연에 따라 그 가치가 바뀌는 것이라면 본질적이지 않다는 것입니다. 28송에서는 사심사관법 가운데 세 번째인 자성의 단계를 닦습니다. 이름이 지칭하는 대상의 본질이 무엇인가를 화두로 삼는 것입니다. 즉 이름이 지니는 의미는 세속적 가치이고, 인위적으로 만들어 낸 것에 불과하다는 사실을 알고, 근본가치 · 시공간을 초월한 초세간적 가치를 깨닫기 위해서 노력하는 단계입니다. 그러다 보면 루이비통 백이나 그냥 시장에서 저렴하게 산 가방이나 근본적 가치가 동일함을 깨닫게 됩니다. 이때 얻게 되는 지혜를 무분별지라고 부르는데, 주체와 객체(대상) 간의 차이가 없음을 아는 지혜를 의미합니다.

　대상의 영역을 지각할 때, 더 이상 대상에 대한 어떤 생각을 지각하지 않고, 유식의 상태에 머물게 됩니다. 왜냐하면 인식적인 앎에 의해서 지각되는 대상과 지각하는 분별적 행위가 없기 때문입니다. 주객이 하나가 되면서 심상, 표상이 사라지게 됩니다. 직지直知, 즉 곧바로 알게 되는 단계로 있는 그대로를 보게 됩니다. 바로 도를 보는 단계입니다. 완전하지는 않지만 진실로 법을 보는 단계로서 무분별지에 도달하게 됩니다. 하나로 연결되어 있고 연기적으로 연결되어 있다는 확고한 깨달음이 오게 됩니다. 그러나 여전히 '보는 나'가 남아 있습니다. 무분별지에 와서 주객이 하나인 것을 알았다고 해도 그것이 끝은 아닙니다. 이사무애理事無碍, 즉 본질과 현상에 장애가 없음을 알았고 하나가 되었지만 아직 현상 간의 차이를 긍정하는 단계까지는 가지 못한 것입니다. 확연하게 진리를 깨쳤다고 할지라도 여전히 육신이 있는 현상 속에 살고 있다는 것입니다. 본질을 이해했지만 현상적 조건에 의해서 조건 지어진 현상에 살고 있기 때문에 사사무애事事無碍, 즉 현상과 현상 간의 차이에는 걸림이 있다는 것입니다.

그런데 가끔 본질적으로 동일하다는 사실까지만 깨닫고 그다음 차별의 단계를 보지 못하는 사람들이 있습니다. 그런 사람은 이른바 '하나이다', '주객이 하나이다', '모든 것은 동일하다', '다 똑같다' 등의 치우친 생각에 빠지게 됩니다. 이름이 다른데 어떻게 똑같겠습니까? 본질적으로 같다는 것이지 현상적으로 같다는 의미는 아닙니다. 그래서 본질적으로는 동일하지만 현상적으로는 여전히 차이가 있다는 사실을 동시에 아는 것이 중요합니다. 본질적으로는 동일하지만 엄연히 현실적으로는 차이가 있고, 쓰임이 다르지 않습니까?

여기에서는 인연법, 연기법에 대한 본질적인 이해가 필요합니다. 본질, 자성은 동일하지만 인연이라는 조건을 만나서 다양한 형태로 차이가 발생합니다. 만일 본질적으로 평등하다는 생각에만 붙잡혀 있으면 어떻게 될까요? 비현실적인 것이 되고 현실감각이 떨어지게 됩니다. 흔히들 수행자는 영혼이 맑아서 세속 일을 잘 모른다고 하는데 그건 좀 곤란한 상황입니다. 현실을 모르고 순진하다는 것은 유식 수행에서는 아직 더 닦을 것이 남았다는 것을 의미합니다. 그래서 다음 29송에서 새로운 수행법이 소개됩니다.

 29송

아는 마음이 없고 아는 대상이 없어서 요모조모로 따져서 알아지는 지식 또한 없을 때가 실로 초세간적인 지혜이다. 이는 주객의 분별을 제거함으로써 의식의 대전환을 성취한다.

28송에서 '나'와 '너'가 하나인 사실을 깊이 깨닫게 되면 세상에서 제일가는 지혜를 얻게 됩니다. 주객이 분리된 독립체가 아니라 상호 의존적인 존재이므로 홀로 살 수 없는 존재이고 상대를 사랑함으로써 내가 행복해지는 이치를 근원적으로 깨닫게 됩니다. 그래서 이제 29송에서는 인식의 주체와 대상으로 나누어서 아는 세간적 앎의 세계가 아니라 주객을 초월한 초세간적 지혜를 성취하는 단계로 나아가게 됩니다. 즉 주체인 '나'에 대한 집착이 사라짐으로써 번뇌장

(정서장애)이 소멸되고, 대상인 '너'에 대한 무지가 사라졌기 때문에 소지장(인지장애)이 소멸됩니다. 그리하여 정서장애는 마음의 자유로 전환되고, 인지장애는 깨달음으로 변환됩니다.

이제 세상 속으로 들어가서 중생을 이익되게 하고 그들을 깨달음으로 인도하는 마음을 내야 합니다. 필요한 것이 있으면 아낌없이 주고, 따뜻한 말로 부드럽고 친절하게 대하는 등 다양한 방편으로 그들로 하여금 깨달음을 얻도록 돕는 것입니다. 보통 사람은 누구를 돕거나 선물을 할 때도 자기 방식을 고집합니다. 어떤 사람은 선물을 할 때도 상대가 필요한 것을 주지 않고, 자기가 주고 싶은 것을 줍니다. 상대가 필요할 때 주는 것이 아니라 자기가 주고 싶을 때 줍니다. 선물을 줄 때도 뭔가를 기대하면서 줍니다. 그러나 이 단계에서 하는 행위에는 자아의식이 없는 무심無心, egolessness으로 보시하고, 사랑스러운 말과, 이익되는 행위와 상대의 입장에서 공감하는 마음으로 사섭법을 실천합니다.

사섭법과 사무량심은 26송에서부터 실천 수행하는 방법이지만 완전한 실천은 29송의 수준에서 이루어진다고 볼 수 있습니다. 이를테면 사무량심의 자慈, loving-kindness, 비悲, compassion, 희喜, sympathetic joy, 사捨, equanimity에서 두 번째인 비(연민심)를 완벽하게 실천하기 위해서는 공성이나 연기·중도를 제대로 이해해야 가능합니다. 우리는 모두 이 세상을 잠깐 살다가 간다는 것, 때가 되면 나는 반드시 죽게 된다는 생각

다단한 마음공부

을 온전하게 수용할 때, '연민심'이 일어납니다. 나처럼 상대도 사는 동안 행복하고자 할 것이고 사랑받고자 할 것이라는 것을 상대의 입장에서 생각할 수만 있다면 연민심이 저절로 일어날 것입니다.

또 다른 예를 들어 보겠습니다. 길을 가는데 누가 뒤통수를 치기에 돌아봤더니 목발을 짚고 가던 사람이 돌부리에 넘어지면서 내 머리를 친 것이라고 생각해 봅시다. 그 상황에서 욕을 하며 공격성을 드러내는 사람은 별로 없을 것입니다. 비록 목발에 맞아서 많이 아프더라도 이처럼 목발을 짚고 걷는 사람은 눈으로 쉽게 확인이 되므로 금세 이해할 수 있습니다. 하지만 정신적인 부분은 그렇지가 않습니다. 우리가 인간 마인드에서 고요하게 사유하고 알아차림을 하고 있다면 보일 것입니다. 그러나 만일 축생·아귀·아수라·지옥 마인드에서는 원함·갈증·결핍감·공격성 등으로 끊임없이 뭔가를 갈구하고 있다면 상대의 결핍이나 정신세계의 장애가 보이지 않을 것입니다. 그렇기 때문에 작은 걸림에도 극도의 반응을 하는 것입니다. 연민심은 지혜를 바탕으로 일어나는 것입니다. 지혜가 없으면 섣부른 동정심이 됩니다. 주고도 욕먹는 경우가 생기기도 합니다.

29송에서 성취하게 되는 지혜는 분별지分別智, discriminative wisdom입니다. '평소에 분별망상을 하지 말라고 하면서 분별하는 지혜라니?' 하고 의아해하실 수도 있습니다. 28송에서 주객을 분별하지 않는 무분별지, 주객의 일원성을 체득한

후에 얻어지는 분별지는 무분별지보다 이론적으로는 한 단계 더 높은 지혜입니다. 현상의 차이라는 것은 본질적으로는 동일하지만 인연을 따라서 경험하고 인연을 따라서 드러나는 것이기 때문에 드러난 어떤 차이끼리 서로 갈등하지 않는다는 것입니다. 여기서의 차이는 우열에 의한 차이가 아니라 조건과 상황에 따른 다양성일 뿐입니다. 다양한 조건에 의해서 다양한 모습이 드러난다는 것입니다. 사사무애事事無碍, 즉 현상과 현상 간의 차이가 서로 걸리지 않는 지혜를 의미합니다. 보통 서로 다른 모습이나 견해, 생각에 의해서 갈등이 일어납니다. 그러나 여기서는 차이로 인한 갈등이나 스트레스가 전혀 없는 단계입니다.

그러면 어떻게 해서 분별지를 성취할 수 있을까요? 그것은 십바라밀을 닦음으로써 가능합니다. 28송에서 '법신을 봤으니까 더 이상 혼탁한 세상에 머물지 않고, 중생세계를 떠나서 조용히 살겠다'고 해서는 안 됩니다. 너와 내가 하나라는 진리를 깨달았으면, 내가 왔던 고통의 세계로 되돌아가서 고통스러워하는 중생들을 이익되게 하고, 고통에서 벗어나도록 도와야 합니다. 그러한 이타적 삶과 행위를 거치지 않고서는 완전한 깨달음, 완전한 치유, 최후의 깨달음을 얻지 못합니다. 그러면 십바라밀을 구체적으로 살펴보겠습니다. 26송에서 육바라밀을 수행하지만 완전하지 않습니다. 그때는 상대를 위한 수행이 아니라 자신을 위한 수행방법이었습니다. 설사 상대를 위해서 한다고 해도 지혜가 부족하고 자기중심적이 될 수밖에 없기 때문입니다. 또한 26송에서 육바라밀이 충분하다면 십바라밀을 이야기하지 않겠지요. 십바라밀은 보시 · 지계 · 인욕 · 정진 · 선정 · 지혜의 육바라밀에 방편 · 원 · 력 · 지 바라밀이 더해진 것입니다.[10] 여기에서는 뒤의 사바라밀만 소개하겠습니다.

우선 중생을 이익되게 하기 위해서, 또 고통스러워하는 중생을 구제하기 위해서 그들을 깨달음으로 이끄는 데 필요한 수단과 방법을 통달하는 방편方便, skillful means 바라밀을 닦는 것입니다. 대표적인 방편 바라밀은 보살이 중생을 가르침으로 이끌기 위하여 취하는 네 가지 방법인 사섭법입니다.[11]

다음은 원願, vow 바라밀, 즉 원력입니다. 방편 바라밀을 수행하다 보면 중생을 이익이 되고 안락하게 하려는 대원력을 세우고자 하는 원력이 자동으로 생겨납니다. 상대가 진실하게 행복하길 바라는 마음으로 상대의 입장에서 어떤 것이 더 합당한가를 생각하게 되는 것입니다. 식물에게 물이 꼭 필요하다고 해서 자꾸 물을 주면 썩어 버립니다. 무엇이든 때에 맞아야 하고 내용이 합당해야 합니다. 이때의 원은 필요한 자에게 필요한 것을 주고자 하는 간절한 마음입니다. 기도를 할 때도 '어떻게 해 주십시오'가 아니라 '법에 합당하게, 상대에게 유익하게, 지혜롭게 행하게 해 주십시오'라는 발원을 하게 됩니다. 설법을 할 때도 내가 하고 싶은 설법을 하는 것이 아니라 상대를 위해 어떤 법이 필요한지에 대한 민감성이 일어나고 그런 것에 대해서 알아지는 지혜가 생깁니다.

다음은 역力. power 바라밀입니다. 중생제도를 위해서 필요한 힘을 닦는 것입니다. 때로는 힘이 필요합니다. 신통력 등의 방편도 적절한 상황이라면 필요합니다. 돈이면 돈, 권력이면 권력, 외모면 외모, 무엇이든지 이때 가지는 힘은 욕망에서 나온 것이 아닙니다. 오로지 고통을 받는 중생을 법으로 인도하고 부처님의 깨달음으로 안내하고자 하는 원력에서 나오는 힘이기 때문에 이기적 욕망과는 차원이 다릅니다.

마지막으로 지智. wisdom 바라밀입니다. 진리의 즐거움을 수용하는 지혜와 중생을 성장시키는 지혜입니다. 이미 앞에서 언급했듯이 육바라밀의 여섯 번째인 지혜바라밀은 인식의 주체와 대상 사이의 차이가 사라진, 주객을 이원적으로 분별하지 않는 무분별지이고, 십바라밀의 열 번째 지바라밀은 주객을 이원적으로 분별하는 것은 아니지만 일체 현상의 본질적 동질성과 드러난 현상의 차이를 분별할 줄 아는 지혜, 즉 분별지입니다.

마음은 모든 일의 근본이다.
마음은 주인이 되어 모든 일을 시키나니
마음 속에 악한 일을 생각하면
그 말과 행동도 이를 따른다.
그 때문에 고통이 따르는 것이
마치 수레를 따르는 수레바퀴자국처럼.

- 법구경

제
11
장

지혜의 심지에
불을 붙이다

● ─────────────────────── 감정이 생겼을 때 주의를 몸으로 가지고 오라고 하는 이유는 감정은 반드시 몸의 신호로 나타나기 때문입니다. 화가 나면 얼굴이 붉어지고 인상이 찌그러지고 혈압이 오르거나 맥박이 뛰거나 피부가 수축합니다. 그런데 감정을 조절하기 위해서 감정과 직접 씨름하는 것은 무척이나 힘겁고, 싸움에서 이길 승산도 희박하지만, 감정 대신 감정과 직접 연결된 몸의 감각을 알아차리고 몸의 감각을 조절하는 것이 한결 수월합니다. 설사 감정을 직접적으로 알아차렸다고 하더라도 '아, 내가 그랬구나.' 하고 다음으로 넘어가고 바라보면 좋지만, 대개는 소심하게 그것을 붙잡고 '내가 이런 인간이구나, 저런 인간이구나!' 하면서 자기를 자책하면서 또 다른 생각에 붙잡힐 수가 있기 때문입니다. 알아차리는 것으로 충분한데 문제는 알아차리다가 자칫 자기도 모르게 그에 대해 반응하기가 쉽다는 겁니다. 다시 말씀드리지만 욕망이나 화 자체를 억압하고 막기는 쉽지 않습니다. 욕망 자체를 억압하려 하는 것, 화 자체를 붙잡고 내가 왜 이렇게 화를 내는가 하고 씨름하다가는 도리어 욕망의 대상이나 화나는 대상을 향해서, 나는 화가 나지 않는데 '상대가 화나게 만든다'는 식으로 자신의 화나 욕망을 정당화할 수도 있습니다. 그러므로 일단은 몸이나 호흡으로 돌아간 다음, 그것에 의지해서 화의 감정을 보아야 합니다.

─────────────────── ●

30송

이와 같은 마음의 자유와 깨달음이 순수한 실제 세계이며, 생각으로

이해될 수 없고, 선이고, 불변이고, 안락이고, 고요함이며, 깨달은 몸

이다. 이를 일러 위대한 성인의 진실한 몸이라고 부른다.

다섯 단계의 유식수행에서 최종적인 깨달음의 단계에 해당합니다. 내 마음대로 이해하고 아는 여덟 가지 식이 네 가지 지혜로 전환됩니다. 첫째는 오감각식의 지혜입니다. 중생을 이익되게 하고 기쁘게 하고자 하는 열망으로 눈·귀·코·혀·몸이 지혜(성소작지成所作智, the wisdom of achieving the task)의 작용으로 전환됩니다. 그때그때 처한 상황과 조건에 따라서 그에 합당하고 맞는 감각작용, 행위가 일어나게 됩니다. 과거의 기억이나 경험 조건, 업에 근거해서 작용하는 것이 아니라 순전히 처한 상황에 따라서 그에 맞는 지혜와 행위가 일어납니다. 오감각식은 7식, 자아의식(욕망과 아만·아애·아견·아치의 4번뇌)의 꼭두각시 노릇을 했었습니다. 그러나 최고의 깨달음에 이르면 다섯 가지 감각식은 오직 중생을 이익되게 하고 그들을 깨달음으로 인도하기 위한 것으로 작용을 하게 됩니다.

다음 제6의식은 일체 현상의 본질과 현상의 차이를 명료하게 아는 지혜로 전환됩니다. 진공묘유眞空妙有, 즉 사물을 관찰할 때 진리의 차원에서는 비어 있지만 세속적 관점에서

는 존재하는, 있으면서도 없고 없으면서도 있는 미묘한 관찰의 지혜(묘관찰지妙觀察智, the wisdom of the exquisite observation)를 발휘합니다. 우리가 눈·귀·코·혀·몸의 다섯 가지 감각기관을 통해서 무엇인가를 보거나 듣거나 느끼거나 터치하거나 냄새를 맡으면 그것이 뭔가 하고 제6식은 분별합니다. 그런데 이번에는 그렇게 분별하는 것이 아니라 무분별지와 분별지를 동시에 작동함으로써 차이가 있으면서도 없고 없으면서도 있는, 묘한 관찰을 한다는 것이지요. 근본은 차이가 없지만 그러면서도 각각의 맛은 다르게 있는 것을 관찰한다는 것입니다. 그것은 우열, 잘나고 못나고, 깨끗하고 더럽고의 이원론에 근거한 차이가 아니라 본질적으로는 전혀 차이가 없지만 현상적으로는 차이가 있다는 말입니다. 사장과 사원은 인격이나 존엄성의 차원에서는 절대 평등하지만 역할은 다릅니다. 신호등의 빨강과 파랑, 노랑, 화살표는 그냥 신호등 색깔과 모양에 불과하므로 존재의 가치는 동일하지만 그 기능에서는 차이가 있는 것과 유사한 원리라고 할 수 있습니다.

제7 자아의식은 일체 현상의 실체가 연기적·상호 의존적 속성을 지니고 있기 때문에 절대적으로 평등하다는 사실을 아는 지혜(평등성지平等聖智, the wisdom of the essential equality)로 전환됩니다. 자아의식의 번뇌기능은 '나'는 주가 되고 '너'는 객이었는데 나와 너는 절대 평등한 지위임을 아는지라 나도 주체이고 너도 주체가 된다는 것입니다. 고귀함과 천함, 높고 낮음이 없는 절대 평등입니다. 엄밀한 의미에서 자아의식이 작동하지 않기 때문에 절대평등의 원리를 따른다는 것이지, 평등하게 작용하도록 하는 의식이 존재한다는 의미는 아닙니다. 쉽게 말하면 무심의 지혜입니다. 깨달음 이전에는 자아의식이 무의식적 작용이었지만 여기서는 의식적 작용입니다. 왜냐하면 깨어 있는 것이 지혜의 특징 가운데 하나이기 때문입니다.

다음은 제8 저장식이 붙잡거나 거부하지 않고 차별 없이 비추는 거울처럼 있는 그대로의 사물을 편견 없이 지각하는 크고 맑은 거울과 같은 지혜(대원경지大圓鏡智, the wisdom of the perfect mirror)로의 전환입니다. 크고 둥글고 원만한 거울과 같은 지혜로 표현하는데, 이는 과거 경험과 기억에 의해서 우리의 지각과 인지는 항상 오염되고 왜곡되어 왔는데 그러한 색안경이 사라졌다는 뜻입니다. 완전하게 커서 무엇이든 다 비출 수 있고, 크고 원만하게 둥글어서 어떤 모양이든 왜곡되거나 오염되지 않게 있는 그대로를 비춘다는 의미입니다. 이전의 경험으로 재단하고 판단하고 편집하지 않고, 무엇이든 보이는 대로, 있는 그대로 비추는 것입니다. 그렇게 하면 순간순간 새롭고 날마다 좋은 날이 됩니다. 또한 저장식은 무의식적 작용이었지만 더 이상은 무의식이 아니라 의식적 작용입니다.

이렇게 여덟 가지 식이 네 가지 지혜로 전환되어 거룩한 부처님의 지혜로 작용합니다. 목적은 오직 고통스러워하는 중생을 기쁘게 하고, 어리석음으로부터 벗어날 수 있도록 돕기 위해서 작용합니다. 그럼에도 불구하고 이들 네 가지 지혜는 돕는다는 의식이 없습니다. 왜냐하면 나와 너의 분별이 존재하지 않기 때문입니다. 마치 태양이 만물을 성장시키면서도 스스로는 만물을 성장시킨다는 의식이 없는 것과도 유사합니다.

제11장 지혜의 심지에 불을 붙이다

된다 된다! 유식이 내가 된다

● ——————————————— 마음이 힘겨운 상황에 직면하게 되면 심장이 뛰고 숨이 가빠지고, 피부가 긴장합니다. 몸이 힘겨운 상황에서 마음은 지치고, 지루하고, 권태감을 느끼기도 합니다. 그런데 가끔 마음이 급하다고 몸을 다그치며 끌고 가려고 하거나, 마음에 끌리는 대상이나 시간·공간이 있으면 몸을 내버려 둔 채 자기 홀로 몸으로부터 도망을 가서 좀처럼 돌아오지 않을 때가 있습니다. 우리는 그것을 집착이라고 부릅니다. 또 그와 같이 마음이 몸을 떠난 상태를 "제정신이 아니다. 정신이 나갔다"라고 말합니다. 왜냐하면 마음이 몸을 떠난다는 것은 마음이 지금-여기에 있지 않고, 과거나 미래를 떠돌기도 하고, 이 공간 저 공간을 돌아다닌다는 의미이기 때문입니다. 그 결과 몸에서 일어나는 감각, 고통 등을 알아차리지 못하게 되어 다양한 불건강한 감정과 생각을 허용하게 됩니다. 마음이 몸을 떠나지 않고 그때그때 일어나는 몸의 감각을 알아차리게 되면 부정이나 왜곡, 합리화, 억압 등의 심리적인 방어기제로부터 훨씬 자유로워지기 때문에 건강한 마음을 유지할 수가 있고, 더 나아가 육체적으로도 훨씬 건강하게 살 수 있습니다. 그래서 '자각이 치유다'라고 말하는 것입니다.

——————————————————— ●

1.
유식심리학의 다섯 단계 치유법

마음의 구조 1은 자각기능이 전혀 작동하지 않고 있는 어리석은 중생의 마음 상태입니다. 탐진치 삼독에 중독된 마음 구조입니다. 1송에서 25송까지에 설명하고 있는 마음의 구조가 바로 여기에 속한다고 볼 수 있습니다. 앞에서 '알아차림이 치유이다!'라고 했었는데, 전통 정신분석에서는 '무의식의 내용을 의식화하는 작업이 치료의 중요한 기능입니다. 그러나 비정상적인 불행·신경증을 정상적인 불행·신경증으로 바꾸어 놓는 것이 치료의 목표라고 한 프로이트의 말에서 보듯이 치료에는 분명한 한계가 있습니다. 서산 대사의 말씀처럼 이치는 단박에 깨달을 수 있지만 습관적 에너지는 단박에 없어지지 않기 때문입니다. 이치적으로 '아!' 했다고 해서 단숨에 화를 내지 않거나 미움이 끊어지지 않는다는 말입니다. 사성제의 체계로 설명하자면, 고통을 자각하고, 고통의 원인을 알았다고 해서, 그 원인을 소멸하고 도에 이르는 길을 닦지 않고 모든 고통이 사라지지 않는다는 뜻입니다.

자각은 자각의 시점이 중요합니다. 이를테면 화를 내고 나서 자각하는 것은 화를 제거할 수 없습니다. 12연기의 체계에서 보면 느낌受, feeling 단계에서 알아차려야 합니다. 느낌

마음의 구조 1. 중생의 마음

마음 수행을 시작하지 않은 상태로서 자각능력이 매우 약하고, 환경과 자극에 수동적으로 반응한다. 자각 기능이 전혀 작동하지 않는 어리석은 중생의 마음 상태이며 탐진치 삼독에 중독된 마음의 구조이다.

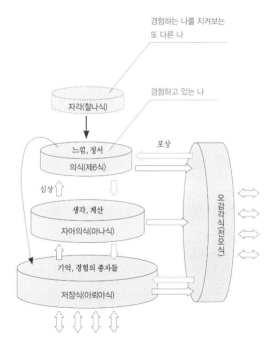

은 몸의 감각body sense에 가깝기 때문에 느낌 단계에서 자각
이 되면 일단 감정으로 진행되기가 어렵습니다. 진행된다고
하더라도 자각은 마치 자동차가 고속으로 질주하다가 브레
이크를 밟는 것과 같은 기능을 합니다. 명상수련에서 주의
를 호흡에 집중하고, 단전에 집중하거나 바디스캔body scan을
하는 훈련은 모두 우리의 주의를 몸에 집중하게 함으로써 몸
의 감각 수준에서 자각이 출발될 수 있도록 하는 것입니다.
그래야만 느낌을 알아차릴 가능성이 높은데, 우리 몸은 감
각에서 느낌으로 진행이 되기 때문입니다. 특히 감각을 자
각하게 되면 느낌의 진행을 자동으로 조율하는 기능이 일어
납니다.

　1송에서 25송까지 거치다 보면 깨닫지 못한 자신의 마음
구조와 기능, 그리고 그로 인한 마음의 고통 등에 대해서 조
금씩 이해해 가면서 성장과 변화, 깨달음에 대한 의지를 일
으킵니다. 그 의지는 곧바로 관점의 전환을 가져오고, 지금
까지 습관적으로 반응했던 자신의 마음작용을 다르게 보기
시작합니다. 점차 자각의 힘, 즉 경험하는 '나'를 지켜보는
또 다른 '나'를 배양하고 촉진하게 됩니다. 마음 치유의 구조
1에서는 자각의 힘이 거의 미미하기 때문에 점선으로 표시
되어 있습니다. 동시에 감정, 정서를 향한 자각력이 약하기
때문에 화살표 역시 가늘게 표시되어 있습니다. 그러나 마
음 치유 구조 2에서는 자각의 영역이 커지고 정서 · 감정을

마음의 구조 2, 깨달음을 향한 의지

마음의 작용을 이해하고 고통에서 해방하고자 하는 열망을 일으켜 자각능력이 작동하기 시작한 마음의 구조이다. 이 구조는 마음의 작용을 조금씩 알아차리면서 성장과 변화, 깨달음에 대한 의지를 일으킨다. 의지는 곧바로 관점의 전환을 가져오고, 지금까지 습관적으로 반응했던 자신의 마음작용을 다르게 보기 시작한다.

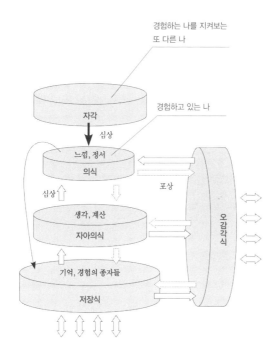

향한 화살표도 두껍게 표시되어 있습니다. 이는 감정과 정서를 알아차리는 힘이 강하다는 것을 의미합니다.

마음 치유 구조에서 자각의 일차적 대상이 우리의 감정 · 정서라는 사실을 인식하는 것은 중요합니다. 유식에서 제6

식의 작용으로 드러나는 감정·정서는 기절하거나 잠을 잘 때를 제외하고는 항상 의식할 수 있다고 봅니다. 저장식이나 자아의식과는 달리 감정·정서는 무의식이 아닌 언제나 현재의식이기 때문에 누구나 자각할 수 있어야 합니다. 화가 나면 화가 난 줄을 알아차려야 합니다. 질투를 하면 질투하는 자기를 볼 수 있어야 합니다. 우울하면 우울한 것을 자각할 수 있어야 하고, 누굴 미워하면 미워하는 자기를 볼 수 있어야 합니다. 그런데 우리는 이를 모릅니다. 왜일까요? 그러한 감정 상태를 수용하거나 직면하기가 두렵기 때문입니다. 그래서 좋아하면서 좋아하지 않는다고 하고, 화났으면서도 화나지 않았다고 말을 하는 경우가 있습니다. 당연히 알아차릴 수 있는데 그러지 못한다면 치유가 필요하며, 알아차리는 훈련을 해야 합니다. 그중 제일 먼저 감정·정서를 알아차려야 합니다. 화가 났으면 '화가 났구나!', 질투가 났으면 '질투가 났구나!', '분노하는구나!', '기뻐하는구나!' 등등 자각, 알아차리는 훈련을 제일 먼저 해야 합니다.

그림에서 보듯이 자각 능력이 커져서 감정·정서를 전부 알아차리게 됩니다. 완전히 감정이 자각 속으로 흡수되었습니다. 이번에는 자각의 화살표가 제7 자아의식을 향해 있고, 반면에 자아의식이 정서·감정에 미치는 영향은 줄어들기 때문에 자아의식에서 올라가는 화살표는 작아졌습니다. 오른편에 있는 오감각식으로 가는 화살표가 점선으로 되어 있의식수준에서 감정이 일어남과 동시에 자각되기 때문에 감정이 더 이상 힘을 발휘하지 못하고 사그라지며, 의식에서 일어나는 일체의 느낌, 감정 등이 곧바로 자각된다.

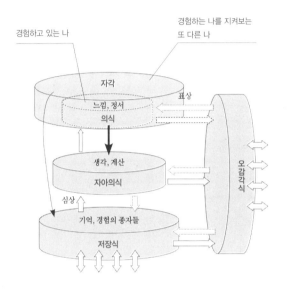

는 까닭은 우리의 감정·정서에 의해서 안·이·비·설·신이 영향을 받지는 않는다는 것입니다. 이를테면 감정 때문에 주먹이 나간다든지, 감정 때문에 욕을 한다든지 하는 일은 없습니다. 왜냐하면 그림에서 보듯이 감정·정서 부분이 모두 자각의 영역으로 포섭되었기 때문에 알아차리지 못하는 감정이 없기 때문입니다. 자각의 영역에 있는 감정은 더 이상 자동적·습관적 작용이 아니라 조절·통제 가능해집니다. 감정을 온전하게 자각하면 그 밑바닥에 있는 감정의 뿌리인 자아의식ego을 만나게 됩니다. 감정을 직면하는 것이 쉽지 않습니다. 그러므로 감정·정서 영역을 모두 자각하는 이 단계의 수행만 하더라도 상당한 수준에 이른 것입니다. 감정 조절이 완벽하게 된다는 뜻이기 때문입니다.

자각기능이 감정의 영역을 투과하고 포섭해서 감정의 뿌리를 보려면 일상에서 많은 훈련이 필요합니다. 감정의 뿌리인 자아의식을 보는 일을 예로 들어 설명해 보겠습니다. 사랑을 했는데 어느 순간에 상대가 배신을 했다고 가정해 봅시다. 분노가 부글부글 끓어서 가슴이 마구 뛰고, 심장이 아프겠지요. 이때 주의를 몸과 호흡에 집중하면서 자각을 하려고 노력합니다. 주의를 단전에 집중한 채로 감정과 직면합니다. 감정을 알아차리는 방법으로는 몸과 몸에서 일어나는 감각, 느낌을 봅니다.

이때 주의가 몸에서 떨어지지 않도록 주의해야 합니다. 열심히 놓치지 않고 집중하다 보면, 불현듯 자신의 감정이 연극 같다는 생각이 드는 순간이 옵니다. 분노와 배신감, 좌절과 슬픔의 감정에 휩쓸리지 않고 계속해서 주시하다 보면 자신의 감정이 문득 낯설게 느껴지는 순간이 옵니다. 또 감정이 감정 같지 않게 느껴지기도 합니다. 감정을 계속 바라보면 고통·슬픔·외로움 등이 자신의 것이 아닌 것같이 느껴집니다. 감정에 휩쓸려서 내가 감정이 되었을 때는 나는 어디에도 없습니다. 그런데 감정에 직면해서 자각하고 알아차림을 할수록 그 감정이 내 감정이 아닌 것이 됩니다.

그러다가 어느 한순간 찰나적으로 만나지는 것이 자아의식입니다. 자아의식의 본질은 아만·아애·아견·아치입니다. 그것을 만나면 더 이상 감정·정서에 휩쓸리지 않습니다. 화내고 싶지 않은데 화를 낸다든지, 욕하고 싶지 않은데 욕을 한다든지 하는 일은 더 이상 일어나지 않습니다. 보통 감정·정서에 휩쓸려 있을 때는 화를 버럭 내놓고 곧 후회합니다.

그림에서 오감각식과 주고받는 화살표를 보면 저장식은 오감각식과 영향을 주고받습니다. 다섯 가지 감각기관을 통해서 경험된 것들이 저장식으로 가고, 저장식에 있는 것들이 다섯 가지 감각기관을 통해서 나옵니다. 자아의식은 일방적으로 오감각식에 영향을 미칩니다. 다섯 감각기관은 자아의식의 졸개 노릇을 합니다. 즉 자아의식이 강할수록 소리를 들을 때도 듣고 싶은 이야기만 듣고, 탐욕이 강하면 감각기관은 자신이 원하는 것에 주의가 쏠리고 민감하게 살피게 됩니다. 원래 오감각기관은 주체와 대상 사이를 연결하는 문에 불과한데 문으로 작용하는 것이 아니라 7식의 졸개로 7식이 원하는 내용을 찾고 살피고 거부하는 쪽으로 사용됩니다. 그래서 탐욕스러운 사람을 보면 관상이 왠지 욕심이 많게 보입니다. 감각기관이 탐욕의 노예가 되어 계속 탐욕을 가지고 대상을 찾고 구하면서 몰두되어 있으니 얼굴 모습도 그렇게 변해 가는 겁니다. 그런데 자아의식이 약화되고 점점 줄어들어 없어지면 오감각식은 그야말로 인연 따라 자연스럽게 중생을 이롭게 하는 역할을 할 것입니다.

자아의식은 또한 감정·정서에 영향을 미칩니다. 판단하고 분별하는 영역에 영향을 미칩니다. 분별하되 그냥 있는 그대로 분별하는 것이 아니라 내 자아의식을 드러내거나 좋게 하거나 나쁘게 하거나에 따라서 내 편과 네 편을 가르고 분별하고 계산합니다. 자아의식이 강하면 강할수록 오감각식이 수고롭고, 헐떡거리고, 힘겨워지고, 마음이 편하지 않게 됩니다.

다음의 그림에서 보면, 자각이 자아의식을 관통함으로써 자아의식의 4번뇌 작용이 무의식적 작용에서 의식적 작용으로 알아차림이 일어납니다. 그렇게 되면 번뇌가 힘을 잃게 됩니다. 또 오감각식의 작용 일부가 자각이 되면서 순수직관이 발생합니다. 이는 자아의식이 자각으로 다 잡히니 졸개이던 오감각식이 자아의식의 영향권에서 벗어남으로써 순수직관으로 바뀌는 것입니다. 이때 수행자는 진리를 본다고 하여 견도위見道位(도를 보는 지위)라고 합니다. 자아의식이 없기 때문에 나·너에 대한 경계가 사라집니다. 그래서 주체와 대상을 구분하지 않는다는 의미에서 무분별지라고도 합니다. 그러나 주객 이원성을 극복하고 하나에서 끝나서는 안 됩니다. 보시다시피 저장식은 여전히 자각의 영역 밖에 자각이 자아의식을 관통함으로써 자아의식의 작용이 멈추고 자각으로 병합되어 의식과 오감각식에 끼치는 자아의식의 영향력이 완전히 사라진 상태이다. 저장식은 여전히 작용하고 있기 때문에 완전하게 있는 그대로의 실상, 진리를 보는 단계는 아니다.

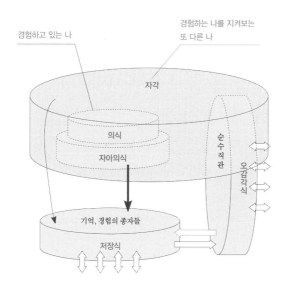

서 작용하고 있기 때문에 완전하게 있는 그대로의 실체, 진리를 보는 단계는 아닙니다. 또 저장식과 오감각식과의 상호작용도 무의식적 과정으로 진행되기 때문입니다.

선가에서 화두 가운데 만법귀일 일귀하처萬法歸一一歸何處가 있습니다. '일체 현상이 모두 하나로 돌아가는데, 그 하나는 어디로 돌아가는가?' 하는 의문입니다. 유식의 관점에서 본다면 다시 만법으로 돌아가야 합니다. 무분별지는 다시 분별지로 돌아가야 한다는 뜻입니다. 견도에서 끝나서는 절대로 안 됩니다. 모두가 하나라는 것을 보기는 했으나 그 보는 '나'는 여전히 살아 있습니다. 따라서 시간이 지나면 하나에 집착하는 현상이 벌어집니다. 자기가 본 진리에 집착해서 현상을 부정하게 된다는 것입니다. 그래서 상당한 수준의 경지에 도달하기는 했는데 현실과 잘 조화를 이루지 못하는 도인이 나오는 것입니다. 그러면 자연히 세상과 격리된 삶의 형태를 취하고 싶어지기 마련인데, 이렇게 되면 진리의 삶과는 멀어지는 것임을 명심해야 합니다.

마음의 구조 5, 저장식을 관통한 자각

자각 능력이 극도로 확대되어 마침내 저장식을 관통함으로써 저장식의 영향권에 있던 오감각식의 나머지 부분도 자각에 병합된다. 따라서 저장식과 의식, 오감각식 모두 더 이상 무지에 가려 있지 않고 각성을 이룬 상태이다.

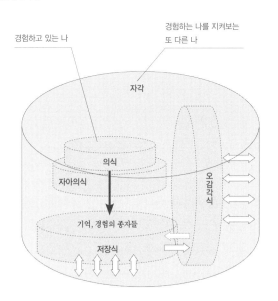

경험하고 있는 나

경험하는 나를 지켜보는
또 다른 나

자각

의식

자아의식

오감각식

기억, 경험의 종자들

저장식

자각이 저장식을 관통하는 단계입니다. 여기서는 눈·귀·코·혀·몸이 기억의 습관에 젖어서 자기도 모르게 습관적·자동적으로 행위를 하는 버릇이나 습관적 패턴 등이 모두 사라집니다. 신라의 명장 김유신 장군이 잠깐 졸고 있는 사이에 자신을 태운 말이 장군의 집이 아니라 장군이 즐겨 찾던 천관이라는 기녀 집으로 데리고 갔다 해서 말을 죽였다는 일화를 기억하실 것입니다. 엄밀하게 말하면 말이 혼자서 간 것이 아니라 김유신의 무의식이 말을 그리로 몰고 간 것인데 그는 말을 죽인 겁니다. 마음을 다지고 결심한다는 의지를 드러냈다는 점은 높이 살 만하지만, 그렇다고 해서 말을 죽일 필요까지 있었느냐 하는 생각이 듭니다.

이 단계에서는 오감각식이 모두 자각의 영역으로 들어옵니다. 신구의身口意, 즉 몸, 말, 마음으로 행해지는 행위가 모두 직관과 통찰, 직접적 체험으로 이루어집니다. 그러므로 탐욕과 화, 어리석음이 정화되고 녹는 단계입니다. 현재 일어나고 있는 탐진치 삼독은 물론이고 과거에 행했던 행위들도 모두 정화되고 있습니다. 그렇게 정화되는 과정은 다음의 마지막 수행 단계에서 성취하게 될, 유식 수행의 궁극적 목적인 전식득지轉識得智, acquiring wisdom through evolving eight types of knowing의 과정에 해당합니다.

유식 수행의 최종 목표인 전식득지를 성취한 단계입니다.

이 단계가 되면 우주와 하나가 되어서 우주와 자아, 주객의 경계가 완전히 사라집니다. 경계가 사라졌다는 것은 단절이 아니라 소통한다는 의미입니다. 오감각식은 성소작지成所作智가 됩니다. 감각기관이 더 이상 이전의 경험에 의한 선입견이나 편견에 영향을 받지 않는다는 것입니다. 물론 자아의식의 영향도 전혀 작용하지 않습니다. 탐진치가 완전히 소멸되었기 때문입니다. 그리하여 오직 상황과 조건이라는 인연에 따라서 내적인 영향 없이 있는 그대로 작용합니다.

마음의 구조 6. 붓다의 마음

경험의 주체와 경험의 대상이 완전히 사라진 상태, 아는 자와 알려지는 자의 주객 대립이 사라졌기 때문에 마음의 작동 또한 흔적 없이 사라진 상태이다. 우주와 완전히 하나가 되어 우주와 자아의 경계가 없어진 마음의 구조이다.

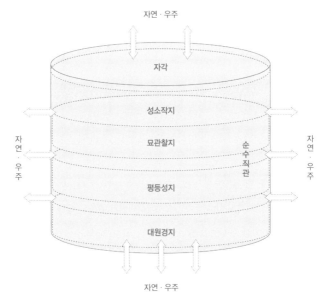

자연 · 우주

자각

성소작지

묘관찰지

평등성지

대원경지

자연 · 우주 (순수직관)

자연 · 우주

단단한 마음공부

제6식은 묘관찰지妙觀察智로 전환됩니다. 묘하게 관찰한다는 의미는 진공묘유眞空妙有, 그야말로 반야심경의 색즉시공 공즉시색으로 본다는 뜻입니다. 본질적으로는 동일함을 보면서 현상적으로는 다양한 모양의 차이를 본다는 것입니다. 이른바 초세간적 지혜와 세간적 지혜의 통합이 일어나는 경지라고 할 수 있습니다. 탐진치 삼독에 오염된 저장식과 자아의식의 영향이 완전히 제로이기 때문입니다.

우리는 어렸을 때부터 현실과 이상 사이의 괴리를 경험했습니다. 우리가 실제 삶에서 당면하고 있는 현실은 너무나 부조리한데 내가 꿈꾸는 이상은 순수 그 자체였습니다. 묘관찰지가 되면 현실과 이상 사이에 통합과 분리가 자유롭게 일어납니다. 진리를 보는 치유 구조 4단계, 무분별지에서는 아직 통합은 가능하나 분리는 일어나지 않습니다. 이사무애理事無碍에서 사사무애事事無碍까지 간 것입니다. 현상을 통해서 본질을 보고 본질에서 다시 현상을 볼 때는 단순한 차이를 보는 것이지 귀천이나 우열의 차이로 보지 않는다는 말입니다. 과도하게 진리만 추구해서 비현실적으로 허공에 뜬 구름 잡듯 하지도 않고 현실적인 것만 찾아서 헐떡거리지도 않습니다.

자아의식은 평등성지平等聖智가 됩니다. 자기중심과 타자중심의 치우침이 없습니다. 모두가 다 동등하게 행복할 권리가 있고 잘 살 권리가 있다는 진리가 체득되었기 때문입니다. 지금 우리 인류가 당면하고 있는 환경 문제, 생태계의 파괴는 모두 이 평등성지를 성취하지 못했기 때문입니다. 평등의 관계는 인간과 인간만이 아니라 모든 존재와의 관계도 해당합니다. 존재하는 모든 생명은 본질적으로 평등한 유기적 관계에 있다는 것입니다. 나아가서 지구, 우주 전체가 하나의 거대한 생명체라는 것입니다. 그러므로 자기중심적으로 또는 특정 집단이나 국가중심으로 행위를 하지 않게 됩니다. 평등성지는 일체 존재가 가진 다양한 모양과 차이 속에서 절대 평등, 절대 존귀함을 보는 지혜입니다.

저장식은 대원경지大圓鏡智로 전환됩니다. 탐진치 삼독에 오염된 저장식이 완전한 자각의 영역으로 편입되면서 삼독이 완전하게 정화된 상태입니다. 그리하여 앞의 경험이 뒤의 경험을 방해하지 않고 왜곡하지 않게 됩니다. 습관적 패턴이나 편견이 모두 사라지고 항상 초심자가 됩니다. 순수하게 있는 그대로 둥글고 큰 맑은 거울에 비추듯이 경험됩니다.

2.
명상, 이렇게 활용하라

우리의 정신·신체적 기능은 깨달음을 성취하는 데 유용하거나 편리하도록 되어 있지 않습니다. 우리의 몸과 마음의 구조는 그냥 환경에 잘 적응하고, 생존을 위해서 작동하도록 되어 있을 뿐입니다. 그런데 문제는 몸과 마음이 서로 다르게 작용한다는 사실입니다. 몸은 삼차원의 존재여서 시간과 공간의 지배를 받지만, 마음은 시공간의 영향을 받지 않습니다. 마음은 제멋대로 시간·공간·대상을 원하는 대로 과거·미래 할 것 없이 종횡무진으로 이동합니다. 그런데 몸은 마음을 따라서 과거·미래로 갈 수 없습니다. 뿐만 아니라 공간 이동도 자유롭지 않습니다. 마음은 한순간에 지구를 한 바퀴 돌 수도 있고, 단번에 지구 반대편으로 갈 수도 있습니다. 한 생각을 일으키면 온 우주를 누비며 돌아다닐 수 있지만 몸은 그렇지 못합니다. 이와 같이 몸의 기능과 마음의 기능이 서로 다르기 때문에 우리는 자신의 내면에서조차 그 기능의 부조화를 끊임없이 겪으면서 살 수밖에 없는 존재입니다. 몸과 마음이 조화롭게 움직이면 경쾌하고 좋지만, 몸 따로 마음 따로 조화롭지 못하면 몸도 마음도 갈등하고 긴장하는 등 스트레스를 겪게 됩니다. 그 결과 몸도 마음도 병들게 됩니다. 또 몸의 병은 마음의 병을 유발하고, 마음의 병은 다시 몸의 병을 유발합니다.

　마음이 힘겨운 상황에 직면하게 되면 심장이 뛰고 숨이 가빠지고, 피부가 긴장합니다. 몸이 힘겨운 상황에서 마음은 지치고, 지루하고, 권태감을 느끼기도 합니다. 그런데 가끔 마음이 급하다고 몸을 다그치며 끌고 가려고 하거나, 마음에 끌리는 대상이나 시간·공간이 있으면 몸을 내버려 둔 채 자기 홀로 몸으로부터 도망을 가서 좀처럼 돌아오지 않을 때가 있습니다. 우리는 그것을 '집착'이라고 부릅니다. 또 그와 같이 마음이 몸을 떠난 상태를 '제정신이 아니다. 정신이 나갔다'고 말합니다. 왜냐하면 마음이 몸을 떠난다는 것은 마음이 지금 여기에 있지 않고, 과거나 미래를 떠돌기도 하고, 이 공간 저 공간을 돌아다닌다는 의미이기 때문입니다. 그 결과 몸에서 일어나는 감각, 고통 등을 알아차리지 못하게 되어 다양한 불건강한 감정과 생각을 허용하게 됩니다. 마음이 몸을 떠나지 않고 그때그때 일어나는 몸의 감각을 알아차리게 되면 부정이나 왜곡, 합리화, 억압 등의 심리적인 방어기제로부터 훨씬 자유로워지기 때문에 건강한 마음을 유지할 수 있고, 더 나아가 육체적으로도 훨씬 건강하게 살 수 있습니다. 그래서 '자각이 치유이다'라고 말하는 것입니다.

명상의 일차적 기능은 마음이 지금 여기에 있지 않고, 즉 몸이 있는 곳에 함께 머물지 않고, 돌아다니는 마음을 다시 몸으로 돌아오게 하는 작용입니다. 그것이 제가 운영하고 있는 '진아 만나기 프로그램'에서는 몸과 마음 조율이라는 중요한 치유기법 가운데 하나입니다. 사실 표현을 그렇게 하지 않은 것뿐이지, 요즘 세계적으로 알려진 명상심리치료 기법 가운데 MBSRMindfulness Based on Stress Reduction(알아차림에 근거한 스트레스 감소법), MBCTMindfulness Based on Cognitive Therapy(알아차림에 근거한 인지치료), DBTDialectical Behavior Therapy(변증법적 행동치료), ACTAcceptance Commitment Therapy(수용전념치료), MSCMindful-Self Compassion(알아차림 자기연민) 등의 프로그램을 보면 주요 치료기제가 주의를 몸으로 가져오는 호흡명상이나 바디스캔입니다.

명상의 또 다른 치유기제는 우리가 잘 알고 있는 자각기능입니다. 이 자각기능은 경험하고 있는 '나'와 경험하고 있는 그 '나'를 지켜보고 있는(알아차리고 있는) 또 다른 '나'의 기능을 촉진하고 성장시키는 것입니다. 경험하고 있는 '나'만 있고, 경험하고 있는 '나'를 지켜보는 또 다른 '나'가 없다는 것은 한마디로 자극에 반응할 뿐이라는 의미이고, 이는 우리의 행위가 단지 업력에 의해서 이루어지고 있을 뿐이라는 말입니다. 전혀 통찰이나 자각, 각성, 알아차림에 의한 행위가 없다는 것이지요. 그것이 극단적으로 부족하다면 축생의 수준에 가까워질 것입니다. 왜냐하면 축생은 자기가 무슨 행동을 하고 있는지 알지 못한 채 그저 본능적으로 행동하기 때문입니다. 사람도 정신수준이 떨어지면 자기가 무슨 말을 하고, 어떻게 행동하고, 생각하는지 알지 못하므로 축생과 다름없는 수준이 되는 것입니다.

그런데 우리는 왜 우리 자신의 행위에 대한 자각, 알아차림이 중요할까요? 그건 자각 수준이 떨어지면 떨어질수록 우리의 정신적·육체적 행위가 자신과 타인, 그리고 세상과 자연환경을 해치고 파괴할 가능성이 높기 때문입니다. 반대로 자각 수준이 높을수록 자신과 타자, 세상과 자연환경을 유익하게 할 확률이 높기 때문입니다. 이는 연민심과 지혜, 그리고 이타적 행위를 촉진하고 배양하는 데 가장 핵심적인 요소가 바로 알아차림 훈련이라는 사실에서도 입증이 됩니다. 우리가 스스로의 행복을 위해서 노력하고 애쓰는데 그 결과는 반대로 되는 경우를 종종 봅니다. 바로 알아차림이 없이 행하기 때문입니다. 앞에서 자각이 바로 치유라고 했는데, 역으로 표현하면 자각이 없는 행위는 병을 만든다고 해도 틀리지 않을 것입니다. 고통의 원인인 아집을 다른 말로 표현하면 자각, 알아차림이 없기 때문에 일어나는 집착이라고 할 수 있습니다.

3.
다시 읽는《유식 30송》개념원리

이렇게 해서 우리는《유식 30송》의 게송들을 심리치유적 관점에서 살펴보았습니다. 이제《유식 30송》에서 핵심이 되는 내용을 몇 가지 요약해서 설명하겠습니다.《유식 30송》에서 강조하는 메시지는 불교가 강조하는 핵심 내용입니다.

유식

유식唯識, vijñapti, to manifest, consciousness-only, mind-only을 의미하는 산스크리트어 vijñapti에서 vi-는 구분, 구별, 분석, 이해, 인지한다는 의미입니다. vijñapti는 영어로 to manifest, to inform, to give information으로 번역되고 우리말로 뭔가를 드러내고 알리고 정보를 준다는 뜻입니다. 그러므로 유

식은 우리가 알고 있다고 생각하는 모든 앎은 주체와 대상이라는 이원적 구분에 의해서 아는 앎이라는 것입니다. 그 말은 우리의 앎이나 경험이 매우 주관적이라는 것입니다. 각자 서로 다르게 안다는 것으로, 아무리 가까운 가족, 형제, 부모, 부부, 도반이라고 할지라도 굉장히 다르게 이해하고 생각한다는 말입니다. 그야말로 백인백색百人百色, 백 명이 있으면 백 명 모두가 다르게 알고, 천 명이 있으면 천 명이 모두 다르게 안다는 것입니다.

유식, 오직 알 뿐이라는 유식의 메시지는 한마디로 다르게 이해하고 경험한다는 사실을 깨달아서 수용하라는 것입니다. 다르다는 이유로 다투거나 갈등하지 말라는 것입니다. 우리가 관계에서 힘들어하는 많은 부분은 알고 보면, 상대가 나와 다르게 생각하고 기억하는 것 때문에 상처받고 분노하고 배신감을 느끼기 때문입니다. 가끔 무척 공감하고 비슷하다고 느끼고 좋아하지만 그건 어디까지나 6식 수준에서의 일입니다. 7식의 자아의식이나 8식 저장식 수준에 가면 다 제각각입니다. 그렇기 때문에 없으면 죽고 못 산다고 할 정도로 사랑하는 사람들끼리도 싸우고 실망하고 배신감을 느끼는 것입니다. 우리 속담에 "천 길 물속은 알아도 한 길 사람 속은 모른다"는 말이 왜 나왔겠습니까? 부부가 평생을 함께 살고도 '잘 모르겠다, 남 같다'는 말을 합니다. 그건 당연합니다. 저장식과 자아의식은 높은 깨달음의 경지에 이르지 못한 사람이 알 수 있는 영역이 아니기 때문입니다. 그런 의미에서 세상의 어떤 관계에서든 확신해서는 안 됩니다. 이것은 인간에 대한 신뢰나 불신의 문제와는 또 다른 것입니다. 앞에서 2송에서 4송까지 공부했듯이 저장식은 대단히 깊고 방대하다고 했습니다. 그런 것이 어떤 인연을 만나서 어떤 모양으로 전개될지는 상황과 조건, 즉 인연을 만나 보아야 압니다. 그러므로 모든 인간관계에는 여지를 남겨 두고 마침표를 찍지 말아야 한다는 것입니다. 마음수행은 결국 자기와는 다른 백인백색의 인간 꼴을 얼마나 잘 봐줄 수 있느냐의 문제이기도 합니다.

자아와 자아의 요소

유식의 의미에서 보았듯이 우리의 앎은 모두 주객이원화로 이루어집니다. 계속 강조하지만 불교 공부는 여기가 끝이 아닙니다. 그다음에 반드시 '그래서 어쩌라고?', 영어로 표현하자면 'so what?'을 자문해 보아야 합니다. '당연히 보는 내가 있고 보이는 대상이 있는 것이지, 또 듣는 내가 있고 들리는 대상이 있는 것이지, 그게 어쨌다는 것인가?' 하고 진지한 의문을 던지지 않는다면 공부하는 의미가 없습니다. 따라서 반드시 우리 자신의 경험과 관련지어 생각해 보아야 합니다. 곧 우리 자신을 주교재로 삼고 불교의 모든 가르침은 부교재로 삼아야 한다는 뜻입니다. 그래야만 유식을 어려워하지 않고 재미있게 대할 수 있습니다. 유식은 부처님에 관한 가르침이 아니라 바로 우리 자신에 대한 설명입니다. 우리 자신을 주인공으로 삼고, 우리의 마음을 설명하는 것이 유식입니다.

그렇다면 대체 주객 이원화 과정을 통해서 안다는 것이 어떻다는 걸까요? 그 가르침의 진정한 메시지는 무엇일까요? 그건 일방통행적인 앎이라는 것입니다. 자동차 길에서 일방통행이 무엇을 의미하는지 우리는 잘 알고 있습니다. 일방통행을 영어로 'one way'라고 하는데, 즉 한 길뿐이라는 말입니다. 일방적으로 안다는 것은 진짜 아는 것이 아닙니다. 자기중심적인 것은 소통이 안 되는 것으로 꽉 막힌 상태입니다. 거기에는 성장이나 변화가 없습니다. 사람관계이든 사물과의 관계이든 건강한 관계는 양방이 통해야 합니다. 그러니까 《유식 30송》의 저자 바수반두가 제1송에서 우리가 아는 일체의 앎은 일방적 앎이라고 한 것입니다. 자기 입장에서 생각하고 알고 판단하면 안 된다는 것, 상대 입장은 다르므로 상대의 관점은 남겨 두어야 한다는 것입니다. 그게 제가 평소 강조하는 여지, 공간입니다. 왜냐하면 상대 입장에서 보면 상대가 주체이고 나는 대상이기 때문입니다. 이 말은 건강한 관계는 주체와 주체의 관계라는 것입니다. 상대는 객체가 아니라는 것입니다. 어떤 관계이든지 주객 관계가 되면 평등할 수 없습니다. 부부 관계든 부모자녀 관계든 어느 누구도 주인 따로, 손님 따로 정해져 있지 않습니다. 관점에 따라서 바뀐다는 것이지요. 그것을 우리는 '공空, emptiness'하다고 말합니다. 고정되지 않고 변하므로 '무상無常, impermanence'이라고도 합니다. 또 절대적이지 않고 상대적이므로 '무아無我, selflessness'라고도 합니다. 이것은 불교의 핵심 개념이기도 하고, 유식의 핵심 가르침이기도 합니다.

그런데 만일 그러한 진리를 어기면 어떻게 될까요? 인과응보라는 말 들어 보셨지요? 당장에 그 과보를 받게 됩니다. 누구든지 자기가 주체이고 상대를 대상으로 취급하면, 그 관계에는 반드시 불건강한 에너지가 발생합니다. 자각하는 능력이 떨어져 순간순간 알아차리지 못하는 경우가 있어 빠르게 나타나느냐 늦게 나타나느냐의 차이는 있겠지만 반드시 발생하는 문제입니다. 그리고 누적되면 결국 폭발합니다. 중생이 바로 부처라는 말이 있습니다. 이때 우리 모두가 부처이니 어떻게 하라는 거냐고 의문이 들 것입니다. 바로 일체 중생을 주인으로 대우하라는 말입니다. 객으로 대우하지 말고, 대상으로 취급하지 말라는 것입니다. 모든 인간관계의 문제는 바로 여기에서 비롯합니다. 인간과 자연과의 관계도 마찬가지입니다. 오늘날 우리가 겪고 있는 온갖 환경 문제, 생태, 이상기후 등은 모두 우리 인간은 주체이고, 자연은 대상이므로 인간이 마음대로 개발하고 사용해도 된다고 생각하고 행동한 결과로 받게 된 과보입니다. 이 우주 안에 우리가 손님으로 취급하고 대상으로 취급해도 좋은 존재는 없습니다. 그러니 주객 이원화의 알음알이로 알지 말고, 통찰·직관·자비·연민·지혜·공감 등을 통한 앎을 추구해야 합니다. 특히 선의 전통에서처럼 모름을 통한 앎을 추구해야 합니다.

연기와 고통

고타마 싯다르타 태자는 보리수나무 아래에서 깨달음을 얻고 부처가 되었습니다. 이건 누구나 아는 내용입니다. 그리고 부처님이 깨달으신 내용이 '연기緣起, interdependent origination 법'이라는 것도 우리는 알고 있습니다. 그렇다면 불교를 공부하고 마음을 수행한다는 의미는 무엇일까요? 부처님이 깨달으신 연기법을 이해하고 깨닫는다는 진정한 의미는 그 연기법을 실천하면서 몸으로 체득해 가는 것입니다. 다시 말해서 일상의 인간관계를 통해서 연기적 삶을 실천함으로써 깨달아 가라는 뜻입니다. 특히 대승불교에서 깨달음을 향한 열정은 고통을 받는 이웃을 돕겠다는 마음에서 출발합니다. 그러므로 진정한 깨달음은 타자를 돕는 과정에서, 즉 자비심을 실천하는 과정에서 이루어지는 방편적 지혜의 완성입니다. 자비심의 능숙한 실천, 지혜로운 자비심이 깨달음이라는 뜻입니다. 그런 의미에서 도겐선사의 말을 다시 상기해 보는 것도 의미가 있을 것 같습니다.

불교를 공부하는 것은 자기를 공부하는 것이고,
자기를 공부하는 것은 자기를 잊는 것이고,
자기를 잊는 것은 만물과 친해지는 것이다.

도겐 선사의 관점에서 본다면 연기법을 실천한다는 것은
만물과 친해지는 것이라고 해도 별 무리가 없을 것입니다.

깨달음의 진짜 의미는 만물과 친해지는, 만물과 하나가
되는 체험을 하라는 것입니다. 사실 우리가 알든 모르든, 또
인정하든 인정하지 않든 우리는 처음부터 연기적 삶을 살아
왔고 지금 이 순간에도 연기적 머무름을 하고 있습니다. 우
리의 생명 자체가 연기적 작용, 바로 인연에 의해서 생겨났
습니다. 이 우주에 존재하는 일체 존재들의 관계는 모두가
연기적 관계에서 발생하고 머무르고 소멸합니다. 그러므로
연기적 관계에 있는 만물과 친하게 지내고 소통하지 않으
면, 그곳에 고통이 존재한다는 것은 분명한 진리입니다. 그
진리를 부처님께서 인류 최초로 깨달으셨고 그 깨달음을 실
천해야 하는 이유와 실천 방법을 설명한 것이 불교의 전 가
르침입니다. 그러니까 우리는 부처님이 깨달으신 연기법을
우리의 삶 속에 적용하고 실천하기만 하면 됩니다.

그렇다면 우리는 왜 연기를 실천해야 할까요? 진리이므로 무조건 실천해야 하는 걸까요? 아닙니다. 연기는 우리의 근본 존재 방식이기 때문입니다. 그래서 연기법에 어긋나는 존재 방식은 고통을 유발합니다. 이 사실이 무척 중요합니다. 연기적 머무름, 연기적 삶에 위배되면 고통을 받게 된다는 사실을 말입니다. 그러니까 고통을 받는 순간, 우리는 무엇을 알아야 할까요? 어딘가 나의 행위나 말과 생각이 지금 연기적이지 않다는 것입니다. 고통은 바로 그 사실을 알려주는 것입니다. 연기적 머무름, 연기적 존재 방식에 있지 않다는 것은, 다른 말로 육도에서 인간 마인드를 제외한 나머지 오도에 심취해 있다는 겁니다. 우리가 겪는 고통은 우리 인생의 메신저라는 말입니다. 우리가 연기적 관계, 머무름을 하지 않고 있다는 사실과 인간의 몸을 하고 있으면서 마음은 인간의 정신세계에 있지 않으니까 얼른 정신 차리고 인간 마인드를 회복하라는 가르침입니다. 그래서 고통에서 벗어나서 행복을 얻는 도의 길, 사성제에서 제1단계가 먼저 고통을 알아차리라는 것입니다.

그런데 《유식 30송》은 연기법에 위배되는 삶, 인간관계의 주범으로 주객이원적 앎을 지목합니다. 주객이원화는 '나'와 '너'를 그리고 '나'와 '세상'을 분리되고 독립적인 존재로 착각하고 왜곡되게 인식하도록 유도합니다. 우리의 상호 의존적 관계를 해치는 것이지요. 뿐만 아니라 인간과 자연과의 관

다나한 마음공부

계도 해칩니다. 연기적 관계는 일방적 관계가 아니라 양방
적·다방적 관계입니다. 자기 경험에 집착하는 아집으로 관
계하는 것이 아니라 아집을 버린 무아로 관계하는 것이 연기
적 관계입니다. 또 어떤 관계이든지 조건과 상황에 따라서
변화하는 무상無常, impermanence의 자세로 관계하는 것이 연기
적 관계입니다.

삶을 알아 지혜를 깨닫다

전식득지轉識得智, evolving consciousness and acquiring wisdom는《유
식 30송》의 궁극적 목적입니다. 1송에서 25송까지는 우리
의 식識이 발생하고 작용하는 과정을 설명한다면 26송에서
30송까지는 바로 알음알이인 8식八識을 네 가지 지혜로 전
환하는, 즉 전식득지를 위한 방법과 단계를 설명합니다. 전
식득지는 식을 돌려서 지혜로 바꾼다는 겁니다. 그런데 식
識, consciousness은 앎입니다. 이원적 앎, 그러니까 이원적으로
아는 앎을 돌려서 지혜로 바꾼다는 말입니다. 고통을 자각
하는 순간이 바로 이원적 앎을 지혜로 돌릴 수 있는 기회의
순간입니다. 고통을 열반으로 전환할 수 있는 순간인 것이
지요.

부처님께서 연기법을 깨달으시고 나서 최초로 가르침을

주신 것이 사성제라는 사실은 이미 앞에서 이야기했습니다. 그런데 네 가지 성스러운 길, 즉 사성제 가운데 제일 첫 번째가 고통에 대한 자각입니다. 왜 고통에 대한 자각이 거룩한 깨달음의 길로 가는 첫 번째 단계라고 했을까요? 그것은 고통의 순간, 스트레스를 받는 순간, 뭔가 불편하고 화가 나는 그 순간이 바로 식識을 지혜로 전환할 수 있는 기회이기 때문입니다. 어째서 그럴까요? 고통의 순간에 바로 두 개의 문이 열리기 때문입니다. 행복의 문과 불행의 문, 즉 깨달음, 열반, 해탈의 문과 무지, 속박, 윤회의 문인 것이지요. 전자는 성장의 문이고 후자는 파괴의 문입니다. 우리의 일반적 인식은 대개 대학 진학, 취직, 결혼 등이 인생의 전환점이라고 생각하지만 마음치유에서는 삶의 매 순간이 모두 인생의 전환점입니다. 특히 고통을 받고 괴로운 순간은 그만큼 더 크게 인생의 길을 바꿀 수 있는 대전환점이 될 수 있습니다.

그러면 이제 어떻게 식을 지혜로 전환할 수 있는지 구체적으로 살펴볼까요? 고통을 받고 괴로울 때, 우리의 마음은 즉각적으로 반응합니다. 감정이 일어납니다. 그리고 우리에게 고통을 주는 대상이 있다고 믿고, 그 대상을 향해서 신체적 행위·말·생각으로 반응합니다. 누가 자신을 무시하는 말을 했다고 판단하면, 화가 나서 곧바로 말로 받아치든지, 주먹이 나가든지, 아니면 생각으로 미움과 화의 에너지를 발산하든지, 우리는 어떤 형태로든 즉각적으로 반응합니다. 이와 같이 즉각적이고 반사적인 반응을 업식業識, karmic consciousness, 업행業行, karmic action이라고 합니다. 여기서 앞의 '업'자는 이전의 경험, 그러니까 저장식을 의미하고 뒤의 '식'이나 '행'은 환경이나 조건을 의미합니다. 업은 지금까지 우리가 경험한 것들, 즉 과거의 기억, 경험의 흔적입니다. 저장식은 아라한이라고 하는 높은 정신적 수준의 깨달음에 도달하지 않는 한, 항상 우리의 무의식 깊이에서 파도치고 있습니다. 우리가 기억을 하든, 하지 못하든 우리의 과거 경험은 그림자처럼 늘 우리를 따라 다닙니다. 그리고 언제든지 조건만 맞으면 우리의 의식 속으로 떠오를 준비가 되어 있습니다. 그와 같은 저장식, 즉 과거 경험의 기억과 흔적이 현재, 지금 여기서 어떤 모양이나 소리 · 냄새 · 맛 · 촉감 · 현상과 만나게 되면서 심리적인 파도를 일으킨다는 것입니다. 이때 우리가 그 파도에 휩쓸리면 화 · 우울 · 분노 · 미움 등 갖가지 불건강한 심리적 상태로 인해서 고통을 받게 됩니다. 그것이 바로 불행과 파괴의 문으로 들어가는 것입니다.

그런데 만일 마음의 파도가 일어났을 때, 그 파도에 휩쓸리지 않으려면 어떻게 해야 할까요? 일단 멈추어야 합니다. 몸, 말과 생각을 멈추어야 합니다. 그러면 어떻게 멈추어야 할까요? 우선 호흡으로 돌아가야 합니다. 주의를 배꼽 아래 단전에 집중하고, 숨 쉬는 것을 알아차리고, 들숨과 날숨을 지켜봅니다.

그다음은 가슴에 손을 얹고 가슴에게 묻습니다. 지금 이 상황에서 어떻게 하는 것이 행복의 문·성장의 문·깨달음의 문을 선택하는 것이냐고 말입니다. 부처님의 최대·최고의 메시지는 우리 인간은 누구나 불성, 즉 부처가 될 수 있는 잠재력이 있다고 한 것입니다. 바로 우리 자신, 우리의 불성에게 물어보는 것입니다. 우리가 약간의 인내력을 발휘해 스스로에게 진지하게 묻는다면 그 답을 얻기까지 그리 긴 시간이 걸리지 않을 것입니다. 누구나 행복하기를 원하기 때문이지요. 이때 행복의 문을 선택하면 그것이 바로 식을 지혜로 전환하는 과정이 됩니다.

순간순간 일어나는 건강하지 못한 감정과 생각을 지혜로 전환하는 방법은 세 단계로 정리할 수 있습니다.

- 1단계. 멈춘다.
- 2단계. 주의를 호흡으로 가져간다. 호흡에 집중한다.
- 3단계. 가슴에게 묻는다.

간단하지요? 다시 설명하자면 원하지 않는 순간, 예상하지 못한 순간, 괴로운 순간, 화나고 좌절하는 순간 등에 직면했을 때, 일단 멈춥니다. 말이든 행동이든 생각이든 무조

건 멈춥니다. 그런 다음 주의를 호흡이나 배꼽 밑에 있는 단전으로 가져갑니다. 그리고 가슴에 손을 얹고 행복으로 가는 문이 어느 길인지 묻습니다.

이와 같이 마음수행은 생각보다 쉽고 단순합니다.

그런데 감정조절에 어려움이 있는 사람에게는 이렇게 간단한 과정도 쉽지 않습니다. 그래서 평소에 호흡훈련, 자각훈련, 명상수행 등 멈추고 바라보는 훈련을 꾸준히 해야 합니다. 사실 얼마나 오래 앉아 있느냐, 얼마나 오래 수행했느냐도 중요하지만, 그것보다 더 중요한 것은 순간순간 일어나는 감정에 곧바로 반응하지 않고, 멈추고 바라보는 실제적인 훈련을 얼마나 자주 많이 했느냐입니다.

사심사관과 두 종류의 지혜

사심사관四尋伺觀, four inquiries은《유식 30송》수행의 핵심 기법입니다. 전식득지를 가능하게 하는 능력을 확실하게 해준다고 할 수 있습니다. 한마디로 고통의 세계에서 깨달음의 세계로 건너가는 다리 역할을 합니다.

사심사관은 네 단계의 사유기법입니다. 네 단계 중 첫 번째는 이름입니다. 언어 · 개념에 해당하는 것을 가리킵니다. 두 번째는 그 이름에 붙여진 의미입니다. 세 번째는 본질입니다. 네 번째는 차이입니다. 이 네 단계를 설명하자면 이렇습니다. 무엇이든 이름이 있는 것에는 그 이름에 부여하는 의미, 이름과 연합된 뜻이 존재합니다. '샤넬 가방'이라고 하면 우리 안에 떠오르는 이미지가 있습니다. 비싸다, 고급이다, 좋다 등등. 그래서 샤넬 가방을 들면 뭔가 남들이 더 알아주고, 뭔가 자신이 더 잘나 보이고 특별해 보이며, 남들이 더 대접해 줄 것이라는 무의식적인 기대를 갖는 것입니다. 그런데 샤넬이라는 가방 자체가 정말로 우월감, 고급, 특별함 등의 특질을 지니는 걸까요? 아니면 우리가 알게 모르게 그렇게 선전이나 광고를 통해서 무의식적으로 설득당하고 세뇌된 것일까요? 만일 샤넬 가방이 정말로 본질적으로 그런 특질을 지니고 있다면 샤넬 가방은 모든 문화에서, 처음으로 접하는 사람들에게도 그렇게 보여야 합니다. 본질적 가치가 아니라 특정한 문화 속에서 학습한 것이 아니라면 말입니다. 예전에 부시맨이 일본을 방문했을 때 방송사에서 출연료로 돈을 주었더니 그냥 버린 사건이 있었는데 그들에게 돈은 무의미한 것이었습니다.

이처럼 모든 이름이 어떤 의미나 이미지를 지니나 그것은 본질적이고 고유하고 절대적인 의미가 아니라 사람들이 부여한 것입니다. 타고나거나 자연스럽게 생겨난 것이 아니라 우리가 이름에 인위적으로 의미를 덕지덕지 붙인 것이지요. 모든 이름은 꼬리표에 불과하기에 그 본질적인 특징은 우리가 지니는 의미와 다릅니다. 샤넬 가방이나 동대문에서 산 가방이나 가방은 가방에 불과합니다. 사람도 마찬가지입니다. 교수·의사·변호사·교사·종업원·청소부 등 모두 이름에 불과하지, 실제로 우리가 그 이름에 부여하는 의미를 그들이 본질적으로 지니고 있지는 않습니다. 이 말은 곧 본질상 차이는 없다는 것입니다. 누구든 그냥 인간이라는 점에서 동일할 뿐입니다. 그 이름으로 인간적 차이를 확신할 수는 없습니다. '더 인격적이라든지, 보다 인간적이라든지'라는 말을 할 수 없습니다.

여기에서 이름과 이름에 붙여진 의미에 집착하고 그것이 진짜인 줄 아는 사람들의 정신세계가 바로 식識의 세계입니다. 그렇게 아는 앎이 바로 이원화된 앎, 무지, 번뇌 망상입니다. 그런데 샤넬이든 프라다이든 동대문 시장 물건이든 이들이 모두 본질적으로 동등하고, 가방에 불과하다는 사실을 아는 것, 교수이든 종업원이든 청소부이든 이들이 모두 인간적으로 차이가 없고 절대 평등하다는 사실을 아는 것, 그것을 유식은 무분별적 지혜라고 부릅니다. 여기에서 안다는 것은 6식인 의식수준에서 아는 것뿐만 아니라 7식인 무의식 수준에서 아는 것을 의미합니다. 무분별적 지혜, 즉 인식의 주체인 '나'와 대상인 '너'가 본질적으로 동등하고 상호 의존적·연기적 존재라는 사실을 아는 지혜인 것이지요. 또 '나'에 관련된 나의 것들과 '너'에 관련된 너의 것들이 동등하고 연기적 관계임을 아는 지혜입니다.

주객이 본질적으로 상호의존적이고 연기적 존재라는 사실과 관련해서 우리가 반드시 알아야 하는 것이 있습니다. 그게 바로 사심사관의 마지막 네 번째 단계인 '차이'입니다. 흔히 마음을 닦는 사람들이 주객이 하나라는 사실을 강조한 나머지 이 네 번째 지혜를 닦는 데 소홀히 하는 경향이 있습니다. 만일 네 번째 수행을 통해서 분별적 지혜를 얻지 못하면 사실은 세 번째 지혜인 무분별적 지혜도 완전하게 얻지 못합니다. 'A와 B가 같다'라는 말은 이미 둘의 차이를 전제로 같다고 한 것입니다. 같다는 말은 반드시 다르다는 말에 의존해서 그 존재가 가능한 것입니다. '다르다'라는 말 또한 '같다'라는 말에 의존해서 성립되는 것입니다. 무분별적 지혜와 분별적 지혜는 서로에 의존해서 그 개념이 성립한다는 것이지요. 사심사관의 첫 번째 단계인 '이름'과 두 번째 단계인 그 이름에 붙여진 '의미'가 서로에 의존해서 성립 가능한 것처럼 말입니다.

잘 보면 처음 두 단계는 중생의 사고체계이고 나머지 두 단계는 깨달은 자의 사고체계입니다. 앞의 두 단계는 식에 해당하고 뒤의 두 단계는 지혜에 해당합니다. 그러므로 《유식 30송》이 의도하는 궁극적 목적인 전식득지를 성취하려면 바로 이름에 부여된 의미들이 정말로 그러한가, 이른바 명품이라고 하는 대상들이 진실로 많은 것을 희생하면서 원하고 탐할 만큼 의미나 가치를 지니고 있는가를 사유해 봐야 합니다. 얼마나 어리석으면 여자 친구에게 명품을 선물하기 위해서 자기 장기를 팔아야 하는 기막힌 일까지 일어나는 걸까요? 이름과 그 이름에 붙여진 의미들은 우리의 생각이, 그것도 어리석은 생각과 탐욕이 만들어 낸 거짓 의미에 불과하다는 것을 세 번째 단계인 '자성'에서 여실하게 보여 줍니다.

그런데 유식 수행은 왜 거기에서 끝나지 않고, 네 번째 단계인 '차이'를 설정해 둔 것일까요? 그건 바로 세 번째 단계가 중생의 어리석은 분별심, 망상을 정화해 가는 데는 최고의 수행이지만 적당하게 깨달은 마음이 이번에는 반대의 극단으로 가는 것을 막기 위해서입니다. 말하자면 샤넬 구두와 시장 구두가 본질적으로 차이가 없다는 이유로 어떤 사람은 모든 차이를 아예 무시해 버리는데, 이른바 일류대학에 다니는 학생과 이류대학에 다니는 학생들 사이에 본질적인 차이가 없다는 것은 사실이나 일류대학에 다니는 학생들이 성적이 더 우수했던 것도 엄연한 사실입니다. 물론 그 성적의 차이가 인격이나 존귀함의 차이는 아니지만 차이는 있다는 말입니다. 근데 본질에 치우친 사람들은 그러한 차이마저도 부정하는 극단적인 경우가 발생합니다. 심하면 이류대학에 다니는 학생들이 알고 보면 더 똑똑하다든가, 더 인간적이라는 식의 근거가 희박한 논리를 펴는 경우도 생깁니다. 그래서 네 번째 단계에서는 일류대학이 그냥 이름이 아니라 아예 인간 자체도 일류인 것처럼 착각하는 어리석은 사람이 있듯이, 반대로 일류대학이나 이류대학이나 다 똑같고 오히려 이류대학에 다니는 학생들이 더 인간적이고 '낫다'라는 식의 극단적 사고를 하는 것을 막기 위해서 설정된 수행법입니다.

'나'와 '너'가 본질적으로 독립되어 있지 않고 상호 의존적이며 연기적이라는 의미에서 하나라는 것인데, 그렇다고 '나'와 '너'가 둘이 아니라고 우기면 곤란합니다. 샤넬 구두와 시장 구두가 어떻게 완전히 같겠습니까? 분명 다릅니다. 디자인도 다르고, 색감도 다르고, 가격도 다르고, 그 외에도 다른 것이 많습니다. 이렇게 차이가 없는 것은 아니지만 다만 그 다르다는 것이 우열의 차이나 존귀함의 차이가 아니라는 것입니다. 그래서 사심사관의 마지막 단계에서는 현상적 차이와 다양성을 있는 그대로 인식합니다. 가치나 판단, 편견, 우열, 존귀함의 차이로 보는 것이 아닐 뿐입니다. 마치 신호등의 역할처럼 빨간불, 파란불, 화살표 등의 차이라는 것입니다. 그런데 그 차이를 무시하고 무조건 똑같다고 생각하고 마음대로 달리면 어떻게 되겠습니까?

요컨대 사심사관법은 우리가 집착하는 것들에 대해서 그것의 이름名, name, 그 이름이 의미하는 뜻意味, meaning을 깊이 사유해 보는 것입니다. 그리고 그렇게 집착하는 대상 자체가 정말로 그런 의미나 가치를 본질적으로 지닌 것이 아니라 그 대상에게 우리가 그런 의미를 부여한 것이라는 사실을 깨닿는 것이지요本性, essential nature. 이것이 분별하지 않는 지혜, 바로 무분별지로서 세속적인 의미에서 최고의 지혜, 최고의 정신 수준입니다.

그런데 본질상 차이는 없지만 다양한 인연과 조건에 따라 현상적으로는 여전히 차이가 있음을 아는 분별적 지혜, 즉 분별지에 도달하기 위해서는 마지막 네 번째인 차별差別, difference의 단계를 닦아야 합니다. 차별 단계의 수행과 십바라밀 수행 가운데 일곱 번째 방편바라밀 수행은 서로를 도와준다고 보면 좋을 것입니다. 아무튼 사심사관 수행을 완성하면 우리는 세속적인 마음작용과 세속을 초월한 초세간적인 마음작용을 동시에 이해하게 됩니다. 사심사관 수행으로 깨달은 이들은 깨닫지 못한 세속적 마음도 잘 알게 되어 그들을 초세간적 지혜로 인도하는 능력의 발판이 생겨나는 것입니다. 가끔 보면 수행하는 사람들은 세속을 떠나 있기 때문에 세상일에 어둡거나 잘 모르는 것이 미덕인 것처럼 여기는 경우가 있는데 그것은 오해입니다. 유식 수행에 근거해서 본다면 세속을 모르는데 어찌 초세간적 세계를 알겠으며, 초세간적 세계를 알지 못한 채 세속을 온전하게 알 수 있겠습니까?

내가 누군가의 마음의 상처를
막을 수 있다면 헛되이 사는 것이 아니리

내가 만약 한 생명의 고통을 덜어주고
기진맥진하여 떨어지는 울새 한 마리를
다시 둥지에 올려놓을 수 있다면
내 헛되이 사는 것이 아니리

-에밀리 디킨슨(Emily Dickinson)

1장

1 서산 대사 저, 법정스님 옮김, 《깨달음의 거울》, 동쪽나라, 2003.

2 Christopher Germer와 Ronald Siegel이 편집한 *Wisdom and Compassion in Psychotherapy*, p. 101에서 발췌한 것임.

3 고통을 여의고 즐거움을 얻는다.

4 마음의 병을 고치는 의사 가운데서도 제일가는 최고의 의사라는 의미에서 붙여진 이름이다.

5 모든 현상이 본질적으로 동일하고 절대 평등함을 아는 지혜 – 무분별지無分別智

6 본질적으로는 일체 만물이 동일하고 평등하며 하나이지만, 현상적으로는 서로 다르게 보이고 작용하는 것을 아는 지혜 – 분별지分別智

7 초기불교 전통에서 최고의 수행 경지에 도달해서 더 이상 깨달을 것이 없는 단계에 이른 자를 말한다. 즉 아라한과를 성취한 자는 고통을 유발하는 근본 뿌리인 세 가지 독성인 탐욕, 화, 어리석음을 모두 제거한 단계에 도달한 상태이다.

3장

1 원인과 조건의 상호작용으로 인하여 다른 결과로 성숙됨.

2 자아의식.

3 제6의식과 5감각식.

4 일체 종자식: 저장식에는 과거의 모든 경험의 종자가 저장되어 있다는
의미.

5 생각.

4장

1 manas, 7th consciousness: 필자의 이전 저서인 《현대심리학으로 풀어
본 유식 30송》(불광출판부)에서 7식을 생각식이라고 불렀다. 그러나 후속
연구와 경험을 통해서 자아의식이 더 적합하다는 결론을 얻었다.

2 아치我癡, self-ignorance, ātmamoha: 자아가 진실로 존재한다는 착각의 원인으
로서의 무지.

3 아견我見, self-belief, ātmadṛṣṭi: 현상을 자아로 취하고 착각하는 것.

4 아만我慢, self-pride, ātmamāna: 자아가 있다는 믿음에 근거한 우월감.

5 아애我愛, self-love, ātmasneha: 자아에 대한 깊은 집착.

6 자아의식은 깨달음을 방해하는 두 가지 장애, 즉 자아가 영원한 실체로
존재한다고 믿는 소지장과 탐·진·치 삼독에 의한 번뇌장에 오염되어
있지만 선악이 아닌 중성의 특질을 지닌다.

7 아라한arhat의 지위를 얻은 사람.

8 멸진정滅盡定, nirodha-samāpatti, meditation of extinction of thought.

9 출세도出世道, ārya-mārga the supramundane path.

5장

1 안식眼識, eye-consciousness; 이식耳識, ear-consciousness; 비식鼻識, nose-consciousness; 설식舌識, tongue-consciousness; 신식身識, body-consciousness.

2 의식意識, manovijñāna 6th consciousness:《현대심리학으로 풀어본 유식 30송》(불광출판부)에서 필자는 6식을 정서식이라고 칭했다. 그러나 후속연구와 경험을 통해서 6식의 특징을 생각해 볼 때, 의식이 더 적합하다는 결론을 얻었다.

3 오변행심소五邊行心所, pañka sarvatraga caittas, five universal mental formations: 8식이 발생할 때 거치는 5단계의 정신 과정.

4 mental contact, attention, sensation, thought, volition.

5 오별경심소五別境心所, pañka niniyata/pratiniyatavisaya caittas: 어떤 특정한 대상의 특징이 지각될 때만 발생하는 다섯 단계의 정신 과정.

6 desire: 선한 욕구는 올바른 노력을 불러일으키고 모든 선한 과업을 성취하도록 돕는다.

7 산스크리트어 adhimoksa에 해당하는 뜻을 현장 스님은 승해勝解(뛰어난 이해exceptional perception)로 번역했고, 진제 스님은 변별[了], 서양학자들은 결의, 결정, 결심 등으로 번역하고 있다. Swati Ganguly는 결의resolution를 옳고 그른 가르침, 추론, 깨달음, 증거에 의해서 확신을 가지고 대상에 대해서 내리는 결정, 판단으로 정의한다. 그러므로 확신이 없고 의심이 있는 곳에 결의는 없다.

8 smrti, memory/mindfulness: 경험된 것을 잊지 않고 명료하게 기억하게 하므로 명상을 유발한다.

9 samadhi/meditation: 대상에 온전하게 집중하게 함으로써 지혜의 기초로 작용한다.

10 智慧, dhī/prajñā, wisdom: 의심을 제거하는 작용, 조사 대상에 대한 변별작용으로 확신을 얻는다.

11 특수한 정신요인은 모두 함께 일어날 수도 있고, 일부 또는 각각 일어날

수도 있다. 또 특정한 감각 대상에 더 많은 주의나 관심을 기울이게 함으로써 정보를 선택적이고 의도적으로 받아들이게 한다. 그래서 어느 때는 냄새에 더 강한 주의를 갖게 하고, 다른 때는 소리, 맛 등에 주의가 쏠리도록 만든다.

12 심구尋究, reasoning(virarka)—mental search(paryeṣaṇa): 정신적 담론 대상을 추론하는 데 있어서 그다지 정교하지 않다.

13 사찰伺察, deliberating(vicāra)—judging(pratyavekṣaṇa): 정신적 논의 대상에 대한 조사가 세밀하고 심오하다.

6장

1 무상천無想天, asamjñidevas, the heaven without thought.

2 ① 무상정無想定, absorption of no-thought, asamjñisamāpatti: 생각 작용이 없음. 삼선의 영역에서 탐욕이 완화된 범부에 속함. 몸의 고요함과 마음의 기쁨을 일으킴. ② 무심정無心定, absorption of no-perception, nirodhasamāpatti: 삼선의 영역에서 탐욕이 제거된 성인에 속함. 몸의 고요함과 마음의 기쁨이 일어남.

7장

1 8식의 작용과 8식과 연합된 정신요소.

2 견분見分, the perceiving part(darśanabhāga): 견분이 분별하는 것vikalpa으로 발달한다.

3 상분相分, the perceived part(nimittabhāga): 상분이 분별되는 것으로 발달한다.

4 이원적 앎으로부터 발달된 것과는 달리 실제로 주체로서의 자아와 객체로서의 대상은 존재하지 않는다.

5 유식唯識, vijñaptimātratā, mere-consciousness: 오직 우리가 그렇게 아는 것뿐, 우리의 앎이 실제 현상으로 존재하지는 않는다는 의미이다. 유식을 언급하고

있는 대승경전들의 예: 십지경-삼계에는 오직 마음뿐이다. 해심밀경-지
각 대상은 단지 식의 표상일 뿐이다. 능가경-일체 현상은 마음과 분리될
수 없다. 유마경-중생은 마음에 따라서 순수하거나 순수하지 않게 된다.

6 《유식 30송》 가운데 실천 수행의 과정과 단계를 제시하고 있는 26송에서
30송까지의 내용을 8주 과정의 프로그램으로 만든 것. 서광 스님, 《나를
치유하는 마음여행: 진아만나기 워크북》, 불광출판사, 2011.

7 MBCTMindfulness Based Cognitive Therapy 마음챙김에 기초한 인지
치료.

8장

1 변계소집遍計所執, imaginary or mentally constructed nature: 정신적으로 구성되고 투
사된 것으로서 개인에 따라 다르게 드러난다.

2 Dharmapāla는 변계소집을 가능하게 하는 식은 인식의 주체와 대상의 존
재를 만드는 여섯 번째 식과 7번째 식이라고 한다.

3 의타기성依他起性, interdependent nature of things: 독립적이 아닌, 대상에 의존해서
존재하는 현상의 속성, 개인이 생사윤회하는 원인을 제공하는 성질이다.

4 원성실성圓性實性, the perfect true nature: 있는 그대로의 진실된 모습, 진여를 의
미한다.

5 중국의 선종은 달마 대사를 초조로 삼고, 그로부터 여섯 번째 되는 혜능
을 육조라고 한다. 선법을 크게 일으켰고, 한국의 조계종도 육조의 법맥
을 이어 왔다.

9장

1 수보리야, 이른바 거룩한 법이라고 함은 여래가 곧 거룩한 법 아닌 것을
일컫는 말이니 그 이름이 거룩한 법일 따름이니라須菩提 所言善法者 如來設 卽非

善法 是名善法.

10장

1 보리심bodhicitta, mind of bodhi.

2 자량위資糧位, sambhārāvasthā, stage of accumulation moral equipments.

3 서광 스님, 《치유하는 불교 읽기》, 불광출판사 참고.

4 다섯 가지 요소의 각각에 대한 수행법은 《치유하는 불교 읽기》에서 오정심관을 참고.

5 4선근nirvedhabhāgīyas은 4심사관과 4선정으로 구성됨.

6 난위暖位, uṣmagata, heat: 몸이 따뜻해지는 단계로 밝음을 얻는 단계(명득정明得定).

7 정위頂位, mūrdhānas, summit: 머리가 맑아지는 단계로 밝음이 더욱 증장되는 단계(명증정明增定).

8 인위忍位, kṣānti, patience: 내가 했다는 아상이 있기 때문에 더욱 인욕하는 단계로 수행이 순탄하게 이어지는 단계(인순정忍順定).

9 세제일법世第一法, laukikāgradharmas, supreme worldly dharmas: 세상에서 제일가는 법을 얻는 단계로 자각이 끊어지지 않고 연속적으로 이어지는 고요한 상태(무간정無間定), 더 이상 투사하지 않는 상태, 망상, 번뇌가 없는 단계.

10 구체적인 내용은 서광 스님의 《치유하는 불교 읽기》 참고.

11 ① 보시섭: 중생이 진리를 좋아하고 받아들일 수 있도록 인도하기 위해서 중생이 좋아하는 것을 준다. ② 애어섭: 같은 목적으로 사랑스러운 말을 쓴다. ③ 이행섭: 같은 목적으로 이익되는 행을 한다. ④ 동사섭: 같은 목적으로 중생과 함께 협동한다.

세상에 끌려 다니지 않는
단단한 마음공부
심리학으로 읽어주는 마음의 문법, 유식 30송

2019년 1월 10일 1판 1쇄 발행
2023년 1월 20일 1판 4쇄 발행

지은이 • 서광 스님
펴낸이 • 김 진 환
펴낸곳 • ㈜ **학지사**
　　　　　04031 서울특별시 마포구 양화로 15길 20 마인드월드빌딩 5층
대표전화 • 02) 330-5114　　팩스 • 02) 324-2345
등록번호 • 제313-2006-000265호
홈페이지 • http://www.hakjisa.co.kr
페이스북 • https://www.facebook.com/hakjisabook

ISBN 978-89-997-1720-8 03200

정가 **14,000**원

출판미디어기업 **학지사**

간호보건의학출판 **학지사메디컬** www.hakjisamd.co.kr
심리검사연구소 **인싸이트** www.inpsyt.co.kr
학술논문서비스 **뉴논문** www.newnonmun.com
원격교육연수원 **카운피아** www.counpia.com